CHILI

KÜCHE

100 FEURIGE REZEPTE

GINA STEER

KÖNEMANN

This book was designed and produced by
Quintet Publishing Limited
6 Blundell Street
London N7 9BH

Creative Director: Richard Dewing
Designer: Fiona Roberts
Project Editor: Claire Tennant-Scull
Editor: Alison Leach
Photographer: David Armstrong
Home Economist: Gina Steer
Location Photography: Paul Collicutt

Original title: The Great Chilli Cookbook

© 1996 für die deutsche Ausgabe
Könemann Verlagsgesellschaft mbH
Bonner Str. 126, D-50968 Köln
Redaktion der deutschen Ausgabe:
AMS Autoren- und Medienservice, Reute
Satz: AMS/Barbara Herrmann, Freiburg i. Br.
Übersetzung aus dem Englischen: Miriam Magall, Heidelberg
Druck und Bindung: Sing Cheong Printing Co., Ltd.
Printed in Hong Kong
ISBN 3-89508-169-8

INHALT

Chili

EINFÜHRUNG

*Es gibt Hinweise darauf, daß Chili schon vor 8 bis 10 000 Jahren ange-
baut wurde. Die ersten Chillies waren winzige wildwachsende Beeren
im Amazonas-Dschungelgebiet. Sie wurden in Mexiko und den Nach-
barländern sowie auf den Inseln der Karibik angebaut.*

Vorfahren von Mexikanern und Indianern bauten Chili
an; die verschiedenen Stämme sorgten auf ihren
Wanderungen vor Hunderten von Jahren für die Verbreitung
und die große Artenvielfalt.

Spanische und portugiesische Forscher nahmen Chili auf
ihren Reisen mit und brachten ihn auf Handelsschiffen bis
nach Nord- und Westafrika, nach Madagaskar und Indien.
Dort wurde er schnell zum festen Bestandteil der einheimi-
schen Küche.

Seit Mitte des 14. Jahrhunderts kannte man Chili in China, dem Fernen Osten und auf den Westindischen Inseln. Er
gelangte sogar bis nach Ungarn und Tibet. Heute baut man
Chili überall an, am häufigsten anzutreffen ist er aber immer
noch in Mexiko, New Mexico, Kalifornien, Texas, Arizona,
Louisiana, Thailand und im übrigen Fernen Osten.

Frisch oder getrocknet ist Chili vor allem ein Bestandteil
der mexikanischen und asiatischen Küche. Die indische und
südostasiatische Küche verdanken dem Chili ihren Geschmack und ihre scharfe Intensität.

Auch in China ist Chili als Gewürz beliebt, besonders in
der Provinz Szetschuan gibt es einige sehr scharfe Chili-Gerichte. Eine der meistverwendeten chinesischen Soßen, die
Hoisin-Soße, basiert ebenfalls auf dieser Zutat. Früher war
Chili in Europa nicht besonders gefragt, aber dank der vielen
Reisemöglichkeiten ist Chili auch hier inzwischen als Zutat
sehr beliebt.

Was sind Chillies?

Chili ist mit der Pfefferschote verwandt. Es gibt milde, süße Arten ebenso wie feurig-heiße, die den Gaumen kitzeln und Tränen in die Augen treiben.

Er wurde hauptsächlich als Speisegewürz verwendet, es gibt jedoch Hinweise darauf, daß Chili auch über ausgezeichnete Heilkräfte verfügt. Früher gehörte er zu den Naturheilmitteln, wurde als Hustenmittel verwendet, als Vorbeugung gegen Lungenkrankheiten, als Schmerzmittel und zur Durchblutungsförderung.

Die vielen verschiedenen Arten des Chili differieren in Form, Größe, Farbe und Namen. Einige sind nur in ihrem Anbaugebiet erhältlich, das sorgt oft für große Verwirrung, hinzu kommen noch die unterschiedlichen Schreibweisen.

Der Anbau von Chili

Im richtigen Umfeld ist der Anbau von Chili kinderleicht, denn er braucht nur wenig Anbaufläche und kaum Pflege. In einem warmen, feuchten Klima gedeiht er am besten. Die Pflanze hat üppige Blätter, und viele Arten sind so attraktiv, daß man sie auch im Topf ziehen kann. Die ausgewachsene Chilifrucht hat eine glatte, straffe Haut. Sie ist hohl und enthält fleischige Trennwände mit vielen Samen. Die Form der Frucht ist klein und länglich oder plump, rund oder sogar viereckig.

Die Farbe reicht von Grün, Rot und Orange bis Purpur, Braun und Schwarz, gelegentlich auch Gelb oder Cremefarben. Im allgemeinen gilt, je kleiner der Chili, desto schärfer, aber jede Regel hat ihre Ausnahmen. Unreifer Chili ist weniger feurig als reifer. Bei der Kreuzung von Chili entstehen Hybriden, die noch schärfer sein können als die ursprünglichen Arten.

Rote und gelbe Chillies auf einem Markt in Ungarn.

Getrockneter Chili und Chilipulver

Neben frischem Chili wird auch getrockneter angeboten; außerdem gibt es ihn eingelegt und eingemacht oder als Chilipulver. Im Lebensmittelhandel und in Delikatessengeschäften erhält man auch Öl mit Chiliaroma, das hauptsächlich zum Marinieren und Braten unter Rühren verwendet wird.

Chili in Dosen ist nicht so knackig und nicht so feurig scharf wie frischer; dagegen kann getrockneter Chili noch schärfer sein als frischer, besonders, wenn die Samen mitenthalten sind. Getrockneter Chili und Chilipulver sind als Ersatz für frischen Chili dem eingemachten vorzuziehen, denn durch das Trocknen werden Aroma und Schärfe verstärkt. Gutes Chilipulver sollte eine tiefe satte Farbe aufweisen, weder zu pulvrig noch zu trocken sein und von leicht klumpiger Konsistenz, ein Hinweis darauf, daß die natürlichen Öle noch enthalten sind.

Wo Chili verwendet wird

Chili verwendet man hauptsächlich wegen seines Geschmacks; er eignet sich ausgezeichnet zum Würzen eines Gerichts, das sonst fade und langweilig wäre. In tropischen Ländern ist Chili so gebräuchlich wie Pepperoni im Mittelmeerraum und anderen Gebieten Europas.

Allgemein gilt, je heißer das Klima, desto schärfer das Essen. Scharfes, feuriges Essen wirkt anregend und ausgleichend zugleich, ein wichtiger Faktor für das Leben in sehr heißen Klimata.

Chili findet Verwendung in allen Arten von pikanten Gerichten in Suppen, Soßen, Fisch, Fleisch und Geflügel, in Chutneys, Eingelegtem und Dips ebenso wie zum Garnieren.

Utensilien

Stößel und Mörser sind praktische Küchenhelfer. Damit kann man frischen oder getrockneten Chili so zerstampfen, wie man ihn braucht, sei es zu einem Mus oder nur ganz fein zerkleinert. Eine Küchenmaschine erzielt nicht so ein gutes Ergebnis; andererseits sind eine Küchenmaschine oder ein Mixer natürlich ideal, will man Suppen und Soßen herstellen oder pürieren. In jeder Küche ist eine Garnitur scharfer Messer ein Muß, ebenso wie gute schwere Pfannen und Schüsseln.

Der Umgang mit Chili

Beim Umgang mit Chili muß man sehr vorsichtig sein, denn die Öle darin reizen die Haut. Ein Paar Gummihandschuhe sind eine gute Investition, denn je schärfer der Chili, um so mehr brennt er auf der Haut.

Wenn man mit Chili gearbeitet hat, sollte man weder Augen noch Mund oder Nase berühren, bevor man sich die Hände gründlich gewaschen hat. Bekommt man versehentlich Chiliöl ins Gesicht oder in die Augen, sofort mit viel kaltem Wasser gründlich spülen.

Manchmal wird Öl gegen den „Chili-Brand" empfohlen, und zum Trinken soll sich Milch angeblich besser eignen als Wasser.

Chillies auf einem Obst- und Gemüsemarkt in Mexiko.

Beim Reiben zwischen den Fingern hinterläßt dieses Öl eine leichte Farbspur und entfaltet ein intensives Aroma. Cayennepfeffer und Paprika sind die bekanntesten Chilipulver. Sie sind aus nur einer Chiliart hergestellt, dagegen stellt man Chiligewürze aus mehreren verschiedenen Chiliarten her.

Im Handel sind auch viele verschiedene Chilisoßen, von denen Tabasco und die scharfe karibische Pfeffersauce wohl die beliebtesten und bekanntesten sind.

Wer selbst Chili trocknen möchte, reiht möglichst verschiedene Arten von frischem Chili an einem Strang auf und hängt sie an ein sonniges Fenster, bis sie völlig getrocknet sind. Getrockneter Chili und Chilipulver werden am besten dunkel und kühl in luftdichten Behältern aufbewahrt.

Wie man ihn auch nennt, schreibt oder ausspricht, eins ist sicher: Chili ist eine unschätzbare Zutat in jeder Küche, ein unverzichtbares, vielseitiges und feuriges Gewürz.

Die Zubereitung von Chili

Zum Schälen legt man frischen Chili einige Minuten unter einen vorgeheizten Grill, häufig wenden, bis die Haut Blasen wirft und schwarz ist. Das Fruchtfleisch darf nicht anbrennen. Man kann Chili aber auch auf einen Spieß geben und über eine Gasflamme halten, bis er Blasen wirft, oder kurz in siedendes Öl tauchen.

Sobald die Haut Blasen wirft, Chili unter Folie abkühlen lassen (etwa zehn Minuten). Dann Chili enthäuten, in Hälften schneiden und Samen und Trennwände mit einem Löffel oder einem scharfen Küchenmesser entfernen. Chili sollte nicht gewaschen werden, damit Öle und Aroma erhalten bleiben.

Getrocknete Chillies sollte man vor dem Gebrauch rösten und aufweichen. Dazu die getrockneten Chillies einige Minuten leicht dünsten oder trocken anbraten, ohne sie anzubrennen.

Mit sehr heißem, aber nicht kochendem Wasser aufbrühen und etwa 10 Minuten weichen lassen. Abgießen, nach Rezept verwenden. Samen und Trennwände lassen sich leicht entfernen.

Chili zum Garnieren

Chili eignet sich auch vorzüglich zum Garnieren aller Chili-Gerichte. In knapp zehn Minuten kann man mit einem scharfen Messer oder einer Schere, einem Brett und einer Schüssel kaltem Wasser Chillies in Blumen verwandeln.

Chili leicht abspülen, dann mit einem scharfen Messer oder einer Schere Fruchtfleisch fast bis zum Stengel der Länge nach einscheiden, Chili leicht drehen und noch einmal einschneiden. Das Ganze wiederholen, bis der Chili rundum eingeschnitten ist. Samen behutsam entfernen. 5 bis 10 Minuten in eine Schüssel mit Eiswasser legen, bis sich der Chili zu einer Blume aufrollt. Behutsam mit Küchenpapier trockentupfen.

Gehackter Chili oder Chili in Scheiben über das fertige Gericht gestreut, gibt dem Ganzen ein buntes Aussehen und zusätzlich einen pikanten Geschmack.

ÜBER DIE VERWENDUNG VON FRISCHEM UND GETROCKNETEM CHILI

Vor der Reife ist Chili meist grün; dann wird er gelb, orange-farben, rot, purpur, braun oder schwarz. Man verwendet ihn sowohl im unreifen wie im reifen Zustand. Mit Grün oder Rot bezeichnet man meistens ein unterschiedliches Reifestadium, keine besondere Art.

Beim Kauf von Chili sollte man auf feste, glänzende, trockene, schwere Schoten mit einem frischen Aroma achten. Nach dem Waschen und Trocknen schlägt man ihn am besten in Küchenpapier und legt ihn im Kühlschrank ins Gemüsefach. Dort hält er sich zwei bis drei Wochen. Gibt man Chili in einen Kunststoffbeutel, verdirbt er; außerhalb des Kühlschranks aufbewahrt, schrumpft er, wird welk und verdirbt ebenfalls.

Die Trennwände, nicht der Samen, enthalten den scharfen Geschmacksstoff, und wenn ein Rezept verlangt, daß die Samen aus dem Chili zu entfernen sind, müssen auch die Trennwände mit herausgenommen werden. Wird dagegen ein schärferer Geschmack gefordert, verarbeitet man Samen und Trennwände mit. Hier darf der Hinweis nicht fehlen, daß jeder Mensch unterschiedlich auf scharfen Geschmack reagiert; was dem einen scharf vorkommt, wird vom anderen keineswegs so empfunden. Außerdem gewöhnt man sich an den scharfen Geschmack, wenn man eine Zeitlang Gerichte mit Chili ißt, so daß man allmählich immer schärfere Speisen verträgt.

Hat man sich erst einmal an Chili gewöhnt, sollte man ruhig zwei oder drei Arten im gleichen Gericht kombinieren, um ihm so einen anderen Geschmack zu verleihen. Dazu kann man natürlich getrockneten und auch eingelegten Chili, Chilipulver, -gewürze und -soßen nehmen.

Ajipfeffer *Schärfegrad 7–8: dünnes Fruchtfleisch, läuft in einer Spitze aus, rund 7,5–12,5 cm lang; hat ein tropisches Fruchtaroma, feurig scharf; gelb, grün oder rot. Er stammt aus Peru und anderen Regionen Südamerikas. Ideal für Salsas, Soßen und zum Einlegen.*

Amatista *Schärfegrad 7: am Stengel breit, läuft in einer Spitze mit abgerundetem Ende aus, ca. 1,25–4 cm lang; leuchtend purpurfarben, hat einen erdigen, süßen Geschmack. Aus Südamerika. Ideal zum Einlegen und Garnieren.*

Anaheim *Schärfegrad 2–3: auch als kalifornischer, mexikanischer oder langer grüner (oder roter) Chili bekannt. Etwa 15 cm lang und 5 cm breit. Entweder leuchtend grün, reif ist er rot. Fruchtfleisch dicker als bei vielen anderen; dem Ziegenpfeffer ähnlich, hat einen Pflanzengeschmack. Der rote Anaheim ist süßer als der grüne. Durch Rösten verbessert sich der Geschmack. In Kalifornien und Südwestamerika angebaut. Getrockneter roter Anaheim-Chili wird als „chile colorado" angeboten. Ideal für Füllungen oder für Soßen und Eintöpfe.*

Äthiopischer Chili *Schärfegrad 2: ein kleiner, ca. 0,6–1,25 cm langer Chili, der glatt, mild und rot ist und in Äthiopien und den angrenzenden Ländern angebaut wird.*

Bananenchili *Schärfegrad 2–3: etwa 15 cm lang, hellgrün bis schwach orangefarben; süßer Geschmack und dickes Fruchtfleisch. Man reibt das Innere oft mit Chilipulver ein, um das Aroma zu verstärken. Aus Südwestamerika. Ideal für Füllungen und Salate.*

Chawa *Schärfegrad 3–4: gebogen, läuft in einer Spitze aus; etwa 7,5–12,5 cm lang; hellgelb mit dünnem Fruchtfleisch; süßer Geschmack mit einem Hauch Schärfe. Sieht dem Bananenchili ähnlich. Anbau an der mexikanischen Küste. Ideal für Salate, Füllungen und zum Einlegen.*

Chile negro (schwarzer Chili) *Schärfegrad 3–4: auch als „chilaca" bekannt, rund 15–23 cm lang, ist manchmal auch gebogen; dunkelbraun bis beinahe schwarz. Außerhalb von Mexiko kaum anzutreffen, kann aber durch andere Chillies mit ähnlichem Schärfegrad oder Chilipulver ersetzt werden. Der getrocknete „chile negro" wird oft als „chile pasilla" bezeichnet. Anbau in Mexiko und Teilen von Südamerika. Ideal zum Einlegen und für Soßen.*

De agua *Schärfegrad 4–5: rund 10–12,5 cm lang, läuft in einer Spitze aus und ist entweder grün oder rot; beide Sorten schmecken ähnlich wie unreife Tomaten und haben dünnes Fruchtfleisch. Die rote Art ist etwas süßer. Anbau in Südamerika. Ideal für Suppen, Mole-Soßen und Füllungen.*

Fiesta *Schärfegrad 6–8: dekorativer Chili, etwa 2,5–5 cm lang. Mit Cayenne- und Tabasco-Chili verwandt; läuft leicht spitz zu einem abgerundeten Ende aus. Unterschiedlich im Aroma und Schärfegrad, von mild bis scharf, in der Farbe von gelb bis rot. Ausgezeichnet zum Ziehen im Topf. Anbau in Nordmexiko und Louisiana. Ideal zum Garnieren, für Salsas und unter Rühren gebratene Gerichte.*

Fresno *Schärfegrad 6–7: entweder grün oder rot, ca. 5 cm lang, voll und plump, läuft spitz in ein abgerundetes Ende aus; dickes Fruchtfleisch, süß und scharf. Anbau vor allem in Mexiko und Kalifornien. Ideal für Salsas, Füllungen und Soßen.*

Güero *Schärfegrad 4–6: Gattungsbegriff für alle hellgelben oder grünen Chillies. Schwankt in der Größe von 7,5–12,5 cm. Hat ein leicht süßes Aroma mit einem scharfen Beigeschmack, von mittelscharf bis scharf. Anbau in Nordmexiko und Südwestamerika. Besonders ideal für gelbe Mole-Soßen und zum Garnieren.*

Guntur *Schärfegrad 5: tiefroter Chili mit einem dicken Ende, rund 1,25–2,5 cm lang. Anbau in Indien.*

Habanero *Schärfegrad 10: ungefähr 5 cm lang, laternenförmig; von grün und gelb bis rot und rötlich-purpur. Der reife Habanero ist süß und hat ein tropisches Fruchtaroma. Er gehört zu den schärfsten Chilisorten überhaupt, eng verwandt mit Scotch bonnet und scharfem Jamaika-Chili. Anbau in Mittelamerika und der Karibik. Ideal für Salsas, Marinaden, Chutneys (scharfes indisches Gericht) und Soßen in der Flasche.*

Holländischer Chili *Schärfegrad 6: rund 10 cm lang, leicht gebogen und leuchtend rot; hat einen scharfen, süßen Geschmack und dickes Fruchtfleisch. Kann thailändischen*

AJIPFEFFER

AMATISTA

DE AGUA

ANCHO

CHAWA

ANAHEIM

Chili oder roten Fresno ersetzen. Anbau in den Niederlanden. Ideal für Suppen, Schmortopf, Soßen und zum Einlegen.

Honka oder Hontaka *Schärfegrad 9: 2–5 cm lang; ein orangefarbener oder roter runzliger Chili. Anbau in Japan.*

Huachinango *Schärfegrad 5–6: rund 10–12 cm lang, läuft in einer abgerundeten Spitze aus. Leuchtend rot mit weißen oder hellen Zeichen auf der Oberfläche, dickes Fruchtfleisch und süßes Aroma. Oft geräuchert, getrocknet, für „chipotle grande" verwendet.*

Jalapeño *Schärfegrad 5–6: der am häufigsten verwendete Chili, etwa 5–7,5 cm lang, läuft in einem abgerundeten Ende aus. Entweder unreif grün oder reif gelb oder rot, stets mit plumpem dickem Fruchtfleisch, sehr fett und saftig. Getrocknet und geräuchert als „chipotles" bekannt. Je nach Farbe ändert sich der Geschmack; grüner Chili hat einen deutliches Pflanzenaroma, während reife Chillies etwas süßer sind. Anbau in Mexiko, Texas und im Südwesten von Amerika. Ideal für alles: Salsas, Suppen, Schmortopf, Soßen, Dips, Füllungen.*

Kalyanpur, Kesanakurru und **Kovilpatti** *mit unterschiedlichem Schärfegrad. Indische Chillies, die im ganzen Land weit verbreitet sind. Grün und rot.*

Kaschmir-Chili *Schärfegrad 6–8: ein enger Verwandter von Jalapeño- und Serrano-Chili, grün oder rot, rund 2,5–5 cm lang. Auch „sriracha" oder „siracha" genannt; in Thailand wird aus diesen Chillies eine Soße hergestellt, die weltweit als Fischsoße verkauft wird.*

Kenia-Chili *Schärfegrad 2–3: ungefähr 2,5–5 cm lang; sieht dem Jalapeño-Chili ähnlich. Leuchtend grün; reif ist er rot. Anbau in Kenia und angrenzenden Ländern.*

Kongo-Chili *Schärfegrad 8: ein kleiner grüner, sehr scharfer Chili, der rot wird, wenn er reift; etwa 6 mm–1,25 cm lang. Anbau im Kongo, in Mombasa und auf Sansibar.*

Korea-Chili *Schärfegrad 6–7: rund 7,5–10 cm lang, dünn und leicht gebogen, läuft in einer Spitze aus. Leuchtend grün, mit dünnem Fruchtfleisch, hat ein scharfes Pflanzenaroma. Mit dem thailändischen oder Vogelaugen-Chili verwandt. Anbau in Korea, Japan und Kalifornien. Ideal für Pfannengerichte, Marinaden und zum Einlegen.*

Macho *Schärfegrad 9–10: winzige, etwa 6 mm lange Chillies, grün oder rot; haben einen scharfen, intensiven Geschmack*

HABANERO

SÜSSER UNGARISCHER CHILI

JALAPEÑO

THAI- (VOGELAUGEN-)CHILI

und sind äußerst scharf. Mit dem Pequín verwandt. Anbau Südamerika und Mexiko. Ideal für Salsas und Schmortopf.

Manzana *Schärfegrad 6–8: auch als „chile rocoto" bekannt; ca. 7,5 cm lang; sieht aus wie mißratener Ziegenpfeffer. Generell gelb oder orangefarben, hat dickes Fruchtfleisch und schwarze Samen. Der Geschmack ist fruchtig-scharf. In Mittelamerika und Mexiko angebaut. Ideal für Soßen, Füllungen oder als Gemüse.*

Mundu *Schärfegrad 2: ein tiefroter kurzer, kräftiger Chili aus Indien. Sehr mild.*

New Mexico *Schärfegrad 3–4: rot oder grün, etwa 15–23 cm lang. Länglicher Chili, mit verschiedenen Schärfegraden, aber deutlich erkennbarem Chiligeschmack. Die rote Sorte ist fleischig, genau wie die grüne, aber sie ist süßer und in Mexiko geröstet und getrocknet als chile pasado bekannt. Dieser Chili eignet sich hervorragend zum Einfrieren. Anbau in New Mexico. Ideal für Salsas, Soßen, Füllungen und Schmortopf; aus rotem Chili werden auch rote Chili- und Barbecuesoßen hergestellt.*

KOREA-CHILI

NEW MEXICO

ROCOTILLO

POBLANO

SCOTCH BONNET

HUACHINGO

SERRANO

SCHARFER JAMAIKA-CHILI

KENIA-CHILI

HONKA

Nigerianischer Chili *Schärfegrad 8–9: ungefähr 1–3 cm lang, mit einer runzligen roten Haut. Anbau in Afrika.*

Peruanischer Chili *Schärfegrad 7–8: ca. 5 cm lang, in der Form wie kleiner Ziegenpfeffer. Grün, gelb oder rot. Das dünne Fruchtfleisch weist ein tropisches Fruchtaroma auf. Ziemlich intensive Schärfe. Anbau inSüdamerika. Ideal für „Cebiche" und Salsas.*

Peter Paprika *Schärfegrad 7: etwa 10 cm lang, seltener Chili mit dekorativem Aussehen, sehr runzlig und leuchtend rot. Hat einen süßen scharfen Geschmack. Anbau in Louisiana und Texas. Ideal für Salsas, zum Garnieren oder als dekorative Zimmerpflanze.*

Poblano *Schärfegrad 3: grün oder rot, ca. 10–12,5 cm lang, mit dickem Fruchtfleisch. Der grüne Poblano wird vor dem Essen stets gekocht, beim Rösten bekommt sowohl die grüne wie die rote Sorte einen vollen erdigen Geschmack. Getrocknet wird er als „ancho" und auch fälschlich als „pasilla" bezeichnet. Anbau in Mittelmexiko und Kalifornien. Ideal für Soßen, Füllungen, Eintöpfe, Maispasteten.*

Prik Chee Fa *Schärfegrad 5–8: ein sehr beliebter thailändischer Chili, prik ist die thailändische Bezeichnung für Chili. Rot, ungefähr 10 cm lang.*

Rocotillo *Schärfegrad 7: ca. 2,5 cm lang, plump. Mit Scotch bonnet und Habanero verwandt. Wegen seiner Form auf englisch auch als „squash chilli" bezeichnet, da er einer Pastetenform ähnelt. Dünnes Fleisch mit mildem Fruchtaroma, aber ausgesprochen scharf. Anbau in Südamerika. Ideal zum Einlegen, für Salsas und Soßen.*

Santa Fe Grande *Schärfegrad 6: ungefähr 6,5 cm lang. Hellgelb, dickes Fruchtfleisch, leichter Fruchtgeschmack ähnlich wie eine Melone. Eine Art von Güero-Chili. Mittelscharf bis scharf. Anbau in Nordmexiko und Südwestamerika. Ideal für Salsas, Soßen und zum Einlegen.*

Santaka *Schärfegrad 9: ein sehr gerader, dünner, tiefroter Chili. In Japan angebaut.*

Scharfer Jamaika-Chili *Schärfegrad 9: etwa 5 cm lang, leuchtend rot und in der Form dem Scotch bonnet oder Ha-*

banero ähnlich. Dünnes Fruchtfleisch mit einem süßen, scharfen Geschmack. Anbau in Jamaika und anderen Karibikinseln. Ideal für Curry-Gerichte, Fisch, Eintöpfe und Chutneys.

Scotch bonnet *Schärfegrad 9–10: ungefähr 2,5 cm lang. Hellgelb, grün, orangefarben oder rot; hat ein äußerst scharfes, fruchtiges, und dennoch rauchiges Aroma. Mit Habanero und dem scharfen Jamaika-Chili verwandt. Anbau auf Jamaika und anderen Inseln der Karibik. Ideal für Charque (an der Luft getrocknetes Fleisch), würzige Soßen und karibische Curry-Gerichte.*

Serrano *Schärfegrad 7: etwa 5 cm lang, glatt, läuft in einem runden Ende aus. Ein dünner roter oder grüner Chili mit einem beißenden Geschmack. Verhältnismäßig intensive Schärfe, aber der reife rote Serrano ist etwas süßer als der grüne. Drei Serrano-Chillies ersetzen einen thailändischen. Anbau in Mexiko und Südwestamerika . Ideal für „Guacamole", unter Rühren gebratene Gerichte und Salsas.*

Süßer Ajipfeffer *Schärfegrad 7–8: ähnlich dem Ziegenpfeffer, etwa 5–7,5 cm lang, fruchtiger, aber scharfer Geschmack; leuchtend grün bis orange und rot. Mit Scotch bonnet und Habanero verwandt. Anbau in Venezuela und im nordöstlichen Südamerika. Ideal für Salsas und Eintöpfe.*

Süßer ungarischer Chili *Schärfegrad 0–1: ca. 15 cm lang, breit am Stiel, mit einem abgerundeten Ende. Leuchtend rot, mild, hat dickes Fruchtfleisch ähnlich dem unreifen Ziegenpfeffer. Anbau in Ungarn, Europa und Kalifornien. Ideal für weniger scharfe Gerichte.*

Tabasco *Schärfegrad 9: ungefähr 2,5 cm lang, mit dünnem Fruchtfleisch von beißender Schärfe. Leuchtend orange oder rot. Anbau in Louisiana, in Mittel- und Südamerika. Verwendung für Tabascosoße.*

Tepín *Schärfegrad 8: etwa 6 mm lang, leuchtend orange bis rot, ähnelt kleinen Chillies und ist eng mit den wilden Beeren in Mexiko verwandt. Der feurig scharfe Geschmack hält nicht lange an. Anbau in Südamerika und Wüstengegenden. Ideal für Suppen und Schmortopf.*

Thailändischer oder **Vogelaugen-Chili** *Schärfegrad 7–8: etwa 4 cm lang, dünn, mit spitzem Ende. Dünnes Fruchtfleisch mit vielen Samen, feurig scharf. Grün oder rot. In Thailand, Asien und Kalifornien. Ideal für unter Rühren gebratene und alle asiatischen Gerichte.*

Ungarischer Kirschpaprika *Schärfegrad 1–3: runder Chili mit Durchmesser von etwa 4 cm. Leuchtend rot mit dickem Fruchtfleisch und Unmengen von Samen. Im Geschmack süß und verhältnismäßig mild. Anbau in Ungarn, Europa und Kalifornien. Ideal für Salate.*

Usimulagu *Schärfegrad 5–8: in der Form wie thailändischer Vogelaugen-Chili, nicht ganz so rot und etwas milder. Anbau in Indien.*

Getrockneter Chili

Wie beim Wein gibt es auch bei getrocknetem Chili viele verschiedene Geschmacksrichtungen, und man muß schon zu den Kennern gehören, um die feinen Unterschiede herauszuschmecken. Die Skala reicht von satt-rauchig und holzig zu Fruchtaroma von Kirschen, Pflaumen oder auch Damaszenerpflaumen, zu Chillies mit eindeutigem Zitrusgeschmack, einige haben sogar einen Schokoladen-, Likör- oder Kaffeegeschmack. Es erfordert einige Übung, die verschiedenen Geschmacksrichtungen zu unterscheiden. Wegen ihres unvergleichlichen tiefen, satten Aromas heben Chillies ein ganz alltägliches Gericht oft auf eine interessante kulinarische Ebene.

Beim Trocknen verstärkt sich das Aroma. Der natürliche Zucker konzentriert sich, dadurch kommt das im Chili verborgene Aroma voll zur Entfaltung.

Es bleibt jedem selbst überlassen, ob er getrockneten Chili vor der Verwendung entkernt. Zunächst ein paar Minuten in einer beschichteten Pfanne leicht anbraten, ohne ihn zu verbrennen. Dann mit sehr heißem, aber nicht kochendem Wasser aufgießen und wenigstens 10 Minuten ziehen lassen, bis er weich ist. Abgießen, dann wie im Rezept angegeben verwenden. Je nach Geschmack entfernt man Samen und Trennwände, dazu muß man wissen, daß sich der scharfe Geschmacksstoff nur in den Trennwänden befindet.

Wie beim frischen Chili gibt es eine große Vielfalt getrockneter Chillies, eine Sorte kann man durch eine andere oder auch durch Chilipulver ersetzen. Allerdings entfaltet sich das Aroma beim Pulver nicht so gut. Jeder frische Chili läßt sich trocknen, aber die unbekannteren Arten findet man außerhalb ihres Ursprungslands kaum. Im folgenden eine Liste der bekannteren Arten, die man in gut sortierten Lebensmittel- oder Fachgeschäften findet.

Getrocknete Chili-Arten

Ist eine besondere, in einem Rezept genannte Chilisorte nicht erhältlich, kann man sie durch eine andere mit gleichem Schärfegrad oder durch mehr Chillies mit niedrigerem Schärfegrad ersetzen.

Ancho Schärfegrad 3–5: getrockneter Poblano-Chili. Beim Reifen bekommt er eine tiefe rötlich-braune Farbe und runzlige Haut. Nicht mit Mulato zu verwechseln, der nicht so scharf oder fruchtig wie der Ancho ist. Ancho, Mulato und Pasillo werden als klassische Sorten zur Herstellung der traditionellen Mole-Soßen verwendet. Anbau in Mexiko und Kalifornien.

Cayenne Schärfegrad 8: ungefähr 5–10 cm lang, leuchtend rot. Eignet sich zur Verwendung in Soßen und Suppen und wird in Pulverform ausgiebig als Gewürz benutzt. Anbau in Louisiana und Mexiko.

Chipotle Schärfegrad 6: ein großer getrockneter geräucherter Jalapeño, trüb hellbraun bis kaffeebraun, etwa 5–10 cm lang. Oft in Dosen oder Gläsern angeboten; scharf! „Chipotle grande" ist ein getrockneter Huachinango-Chili, der im Geschmack ähnlich ist. Anbau in Südamerika und Texas .

Guajillo Schärfegrad 2–4: einer der am häufigsten vorkommenden getrockneten Chilisorten, etwa 10–15 cm lang, mit einer rauhen kastanienbraunen Haut. Er hat einen leicht bitteren oder tanninähnlichen Geschmack. Anbau in Nord- und Mittelmexiko.

Mulato Schärfegrad 3: etwa 12,5 cm lang; dunkelbrauner Chili, im Geschmack rauchiger als der Ancho, und die beherrschende Note ist Likör mit einem Hauch von Tabak und Kirsche. Wie der Ancho wird er in Mexiko in drei verschiedenen Graden verkauft, die sich in Tiefe oder Geschmack und Qualität unterscheiden. Anbau in Mittelmexiko.

New Mexico Schärfegrad 2–3: wie frischen Chili gibt es auch getrockneten in verschiedenen Farben, von Olivgrün bis zu leuchtendem Scharlachrot. Er hat die gleichen Eigenschaften wie frischer, nur ist der Geschmack intensiver. Anbau in New Mexico und Rio Grande.

Pasilla Schärfegrad 4: auch als „chile negro" bekannt, der Dritte im Bund der Chillies für eine traditionelle Mole-Soße; etwa 15 cm lang, dunkel rosinenbraun bis schwarz, glänzend und runzlig. Er paßt ausgezeichnet zu Gerichten mit Meeresfrüchten. Wird in einigen Gebieten als Pulver angeboten. Anbau in Mittelmexiko.

> Beim Umgang mit Chillies muß man große Sorgfalt walten lassen, möglichst Gummihandschuhe benutzen. Nach dem Entkernen frische Chillies unter kaltem Wasser spülen; Augen, Mund oder Nase nicht berühren, bevor man sich die Hände gewaschen hat.

ANCHO

PASILLA

MULATO

CHIPOTLE

Suppen

ROTE PAPRIKASUPPE

Für 4 Personen

2 ungarische Kirschpaprika
   (oder roter Ziegenpfeffer)
2 EL Sonnenblumenöl
1 fein gehackte Zwiebel
1 zerdrückte Knoblauchzehe
600 ml Gemüse- oder Hühnerbrühe
225 g reife Tomaten, geschält und
   entkernt
Salz und Pfeffer
2 EL fettarme Sahne, klein gehackter
   ungarischer Kirschpaprika zum
   Servieren

↳ Grill vorheizen. Paprika waschen, in Hälften schneiden, entkernen. Mit der Haut nach oben auf eine Folie unter den Grill legen. Mit 1 EL Öl beträufeln, 5–10 Min. grillen, bis die Haut Blasen wirft. Herausnehmen und abkühlen lassen. Anschließend Haut abziehen und grob hacken.

↳ Unterdessen verbleibendes Öl in einem Topf erhitzen und Zwiebel und Knoblauch 5 Min. glasig dünsten, aber nicht bräunen. Gehackte Paprika dazugeben, mit Brühe aufgießen. Tomaten grob hacken, in den Topf geben und mit den Gewürzen abschmecken. Aufkochen, zudecken, dann 15 Min. köcheln lassen, bis Paprika richtig weich sind.

↳ Abkühlen lassen, in Küchenmaschine pürieren oder durch ein Sieb streichen. Soll die Suppe warm serviert werden, in den ausgespülten Topf zurückgeben, abschmecken und behutsam aufwärmen. Soll sie kalt auf den Tisch kommen, mindestens 1 Std. in den Kühlschrank stellen.

↳ Zum Servieren Sahne unterziehen, dann mit etwas gehacktem Chilipaprika bestreuen.

SCHWARZE BOHNENSUPPE

Sopa de frijoles

Für 4 Personen

225 g getrocknete schwarze Bohnen
1 EL Sonnenblumenöl
100 g durchwachsener Speck, klein
   gehackt
1 große gehackte Zwiebel
1 zerdrückte Knoblauchzehe
2–3 grüne Jalapeño-Chillies, entkernt,
   klein gehackt
2 Tomaten, geschält, klein gehackt
600 ml Gemüse- oder Hühnerbrühe
ein paar Zweige frischer Koriander
Salz und Pfeffer
frisch gehackter Koriander zum Garnieren

Diese Suppe wird oft Arme-Leute-Suppe genannt. Dazu eignet sich jede Art von Bohnen.

↳ Schwarze Bohnen mit Wasser aufgießen, über Nacht weichen lassen. Am Tag darauf abgießen, in einem großen Topf mit kaltem Wasser aufgießen, aufkochen. 15 Min. stark kochen, dann abgießen, zur Seite stellen.

↳ Öl in einem großen Topf erhitzen, unter gelegentlichem Rühren Speck, Zwiebel, Knoblauch und Chillies 5 Min. dünsten. Schwarze Bohnen, Tomaten und Brühe zugeben und aufkochen.

↳ Hitze reduzieren, daß alles leicht köchelt. Koriander zugeben, würzen und 1 Std. köcheln lassen, bis die Bohnen weich sind und alles eingedickt ist. Koriander herausnehmen, noch einmal abschmecken und mit gehacktem Koriander bestreuen.

TORTILLA-SUPPE

Sopa de tortilla

Für 4 Personen

1 EL Maisöl
1 große gehackte Zwiebel
2–3 Fresno-Chillies, entkernt, klein
   gehackt
2 Möhren, in Julienne-Streifen geschnitten
750 ml Gemüse- oder Hühnerbrühe
abgeriebene Schale und Saft von
   2 Limonen
2 Zucchini, geputzt, in dicken Scheiben
Salz und Pfeffer
Taco-Chips
frisch gehackter Koriander, Chili
   in Ringen zum Garnieren

↳ Öl in einem großen Topf erhitzen, und Zwiebel und Chillies 5 Min. weich dünsten. Möhren, Limonenschale und -saft zugeben und mit Brühe aufgießen. Aufkochen. Hitze verringern, zudecken, 5 Min. leicht köcheln lassen.

↳ Zucchinischeiben halbieren, in den Topf geben und würzen. Weitere 3–5 Min. kochen, bis das Gemüse weich ist. Abschmecken.

↳ Ein paar Taco-Chips in jede der vier Suppenschüsseln legen. Suppe darübergießen, mit gehacktem Koriander und Chili in Scheiben garnieren, sofort servieren.

Rote Paprikasuppe ➤

Für 4 bis 6 Personen

1–2 Anaheim-Chillies

1 EL Öl

3 große reife Avocados

150 ml Hühner- oder Gemüsebrühe

300 ml fettarme Sahne

150 ml Milch

1–2 EL Limonensaft

Salz und weißer Pfeffer

frische Schnittlauchröllchen und saure Sahne zum Garnieren

KALTE AVOCADOSUPPE

Sopa de aguacate

Grill auf hohe Temperatur vorheizen. Chili in Hälften schneiden und entkernen. Mit der Haut nach oben unter den Grill legen, mit Öl beträufeln. 5 Min. grillen, bis die Haut Blasen wirft. Aus dem Grill nehmen, abkühlen lassen.

Haut abziehen, Inneres entfernen, grob hakken. In eine Küchenmaschine geben. Avocados schälen und entkernen, dann grob hacken und mit der Brühe in die Küchenmaschine geben. Zu einem glatten Brei rühren.

Auf niedriger Stufe erst die Sahne, dann die Milch zugeben.

Limonensaft unterrühren, abschmecken. In eine Suppenterrine gießen und mindestens 1 Std. in den Kühlschrank stellen. Mit Schnittlauchröllchen und saurer Sahne garnieren und auftragen.

CHILI-HÜHNERSUPPE

Für 4 bis 6 Personen

1 TL Öl

1 TL grüne Currypaste

600 ml Hühnerbrühe

150 ml Kokosmilch

1–2 thailändische (Vogelaugen-) Chillies, entkernt und gehackt

2 Zitronellgrasstengel, ohne Außenblätter, fein gehackt

4 Limonenblätter

2,5 cm großes Stück Ingwerwurzel, geschält und fein gerieben

350 g Hühnerbrust ohne Haut, in dünne Streifen geschnitten

100 g grüne Bohnen, geputzt und in kurze Stücke geschnitten

7,5 cm großes Stück Gurke, geschält, in Streifen geschnitten

100 g gekochter Duftreis

1–2 TL klarer Honig

4 EL fettarme Sahne (nach Wunsch)

In einem großen Topf Öl erhitzen und Currypaste unter gelegentlichem Rühren behutsam anbraten.

Kokosmilch, Chillies, Zitronellgras, Limonenblätter und Ingwer dazugeben, mit Brühe aufgießen, aufkochen und 3 Min. kochen. Hitze verringern, Hühnerstreifen hineingeben und 5–10 Min. kochen, bis das Huhn gar ist.

Grüne Bohnen und Gurke zusammen mit Reis und Honig dazugeben. Weitere 5 Min. köcheln, bis das Gemüse weich ist.

Eventuell Sahne unterrühren und servieren.

Für 4 bis 6 Personen

900 ml Fisch- oder Hühnerbrühe

2 Zitronellgrasstengel

2,5 cm großes Stück Ingwerwurzel, geschält und gerieben

2–3 thailändische (Vogelaugen-) Chillies, entkernt und gehackt

einige frische Limonenblätter

1 große Möhre, in Julienne-Streifen geschnitten

450 g Fleisch von rohen Garnelen, ohne Schale und Darm

100 g Shiitake-Pilze, sauber getupft, in Scheiben

2 EL Limonensaft

1 EL thailändische Fischsoße

1 TL Chilipaste

100 g Bohnensprossen

2 EL frisch gehackter Koriander

SÜSS-SAURE GARNELENSUPPE

Das ist eine sehr köstliche Suppe aus Thailand. Einige Rezepte geben Tamarinde an für einen sauren Geschmack, andere Limonensaft.

➷ Brühe in einen großen Topf geben. Außenblätter von Zitronellgras entfernen, fein hacken. Mit Ingwer, Chillies und Limonenblättern in die Brühe geben. Aufkochen, dann 10 Min. köcheln lassen.

➷ Möhre, Garnelen und Pilze in den Topf geben. Weitere 5–8 Min. köcheln lassen, bis die Garnelen rosa sind.

➷ Limonensaft, Fischsoße und Chilipaste vermischen, in den Topf geben und verrühren, noch 1–2 Min. köcheln lassen. Bohnensprossen und gehackten Koriander zufügen, einmal umrühren, dann servieren.

Für 4 Personen

1 EL Öl

1 große fein gehackte Zwiebel

1 zerdrückte Knoblauchzehe

2 Selleriestangen, geputzt und gehackt

2 De-agua-Chillies, entkernt und gehackt

225 g Tomaten, geschält, entkernt und gehackt

1 EL Tomatenmark

450 g Fischbrühe

450 g weiße Fischfilets, enthäutet und in mundgerechte Portionen geschnitten

Salz und Pfeffer

glatte Petersilie zum Garnieren

FISCHSUPPE MIT CHILLIES

Sinigang na isda

➷ In einem großen Topf Öl erhitzen, Zwiebel, Knoblauch, Sellerie und Chillies 5 Min. weichdünsten. Gehackte Tomaten und Tomatenmark dazugeben, weitere 3 Min. dünsten.

➷ Mit Brühe aufgießen und aufkochen lassen. Hitze reduzieren und behutsam 10 Min. köcheln lassen.

➷ Fisch dazugeben und weitere 5 Min. köcheln lassen, bis der Fisch gar ist. Abschmecken, mit glatter Petersilie garnieren und auftragen.

Süß-saure Garnelensuppe ➤

Vorspeisen und Salate

BOHNENDIP MIT CHILI

Für 6 bis 8 Personen

3–4 Jalapeño-Chillies

2 TL Mais- oder Olivenöl

200 g rote Kidney-Bohnen aus der Dose, abgetropft und gespült

200 g Cannellini-Bohnen aus der Dose, abgetropft und gespült

1–2 zerdrückte Knoblauchzehen

4–5 EL Tomatensaft

1 reife Mango, geschält, in Scheiben

1 EL frischer gehackter Oregano

zusätzlich frisch gehackter Oregano zum Garnieren

Salat als Beilage

☙ Grill auf hohe Temperatur vorheizen. Chillies auf Grillblech legen, mit Öl beträufeln. 4–5 Min. backen, bis die Haut Blasen wirft und schwarz ist.

☙ Chillies in eine Kunststofftüte geben, 10 Min. schwitzen lassen; Haut abziehen und auch entkernen, falls ein milderer Dip gewünscht wird. Mit restlichen Zutaten in die Küchenmaschine geben und zu einem geschmeidigen Dip rühren.

☙ Auf eine Servierplatte geben, abdecken und 30 Min. in den Kühlschrank stellen, damit sich das Aroma entfalten kann. Mit gehacktem Oregano bestreuen und dazu eine Salatplatte reichen.

GEBACKENE BOHNEN

Frijoles refritos

Für 6 Personen

225 g trockene Pinto- oder Borlotti-Bohnen

900 ml Rinder- oder Hühnerbrühe

1 große gehackte Zwiebel

2 zerdrückte Knoblauchzehen

4 grüne New-Mexico-Chillies, entkernt und gehackt

1 TL Salz

schwarzer Pfeffer

50 g Speck oder 3–4 TL Mais- oder Olivenöl

2 EL saure Sahne (nach Wunsch)

2 EL frisch gehackter Koriander oder Petersilie

Anstelle der oben angegebenen Bohnen kann man auch rote Kidney-Bohnen nehmen. Dies ist ein traditionelles mexikanisches Gericht, das man auch in Spanien ißt; dort bedeutet refritos „gut durch".

☙ Bohnen mit kaltem Wasser aufgießen und über Nacht weichen lassen. Am nächsten Tag spülen und in einem Kochtopf mit kaltem Wasser aufsetzen, zum Kochen bringen. 15 Min. stark kochen, abgießen und Bohnen in gespülten Topf zurückgeben.

☙ Brühe, Zwiebel, Knoblauch und Chillies zugeben und aufkochen lassen. Hitze reduzieren, 1 Std. köcheln lassen, bis die Bohnen weich sind. Abgießen, Flüssigkeit aufheben.

☙ Salz und Pfeffer zu den Bohnen geben und mit 4–5 EL der Kochflüssigkeit zerstampfen. Oder aber mit der aufgehobenen Flüssigkeit in die Küchenmaschine geben und zu einem klumpigen Püree vermischen.

☙ Speck oder Öl in einer Bratpfanne erhitzen und Bohnenpüree hineingeben. Etwa 10–15 Min. braten, bis es trocken ist; häufig umrühren, damit die Bohnen nicht anbrennen. Falls gewünscht, saure Sahne und gehackte Kräuter unterrühren.

GUACAMOLE

Für 4 Personen

2 reife Avodacos

225 g reife Tomaten, geschält, entkernt und fein gehackt

1 Bund Frühlingszwiebeln, geputzt und fein gehackt

2 Serrano-Chillies, entkernt und fein gehackt

1–2 Jalapeño-Chillies, entkernt und fein gehackt

2 EL Limonensaft

1 ½ EL frisch gehackter Koriander

Pfeffer und Salz

Limonenschale zum Garnieren

mit Taco-Chips und Salatplatte servieren

Ein sehr traditionelles mexikanisches Gericht, das in vielen verschiedenen Versionen bekannt ist. In Mexiko wird Guacamole als Vorspeise, Beilage, Salat oder als Appetithäppchen zum Drink serviert.

◟ Avocados schälen und Kerne entfernen. Fruchtfleisch pürieren.

◟ Fein gehackte Tomaten und Frühlingszwiebeln mit den Chillies dazugeben, alles gut vermischen. Limonensaft mit Koriander unterrühren, würzen und abschmecken. In eine Servierschüssel geben, mit der Gabel Muster ziehen.

◟ Kurz bevor Guacamole mit Taco-Chips und einer Salatplatte serviert wird, mit Limonenstreifen verzieren. Man ißt ihn am besten sofort; wenn das Gericht erst später gegessen wird, legt man einen der Avocadokerne in die Mitte, deckt die Schüssel ab und stellt sie höchstens eine Stunde in den Kühlschrank.

THAILÄNDISCHE SALATPÄCKCHEN

Für 4 Personen

Soße

2 EL thailändische Fischsoße

2 zerdrückte Knoblauchzehen

1–2 EL Zucker

2 EL Limonensaft

2 EL weißer Weinessig

1 thailändischer (Vogelaugen-) Chili, entkernt und fein gehackt

Päckchen

1 EL Mais- oder Sonnenblumenöl

1 zerdrückte Knoblauchzehe

2 Zitronellgrasstengel, ohne Außenblätter, fein gehackt

2,5 cm großes Stück Ingwerwurzel, geschält und gerieben

2–3 thailändische (Vogelaugen-) Chillies, entkernt, gehackt

225 g Hühnerbrust, enthäutet und in grobe Stücke geschnitten

1 EL Sojasoße

2 TL thailändische Fischsoße

100 g Bohnensprossen

1 kleiner Eissalat, gewaschen

Alle Zutaten für die Soße miteinander vermischen und mindestens 30 Min. ziehen lassen, damit sich das Aroma entfaltet.

Öl in einem Wok oder großen Topf erhitzen und Knoblauch, Zitronellgras, Ingwer und Chillies 2 Min. unter Rühren dünsten.

Hühnerstücke zugeben und weitere 5 Min. unter Rühren braten, bis das Huhn gar ist.

Soja und Fischsoße zugeben, einmal umrühren; dann Bohnensprossen hineingeben und unter Rühren 30 Sek. braten.

Hühnermischung löffelweise auf ein Salatblatt geben und mit etwas Soße beträufeln. Wie ein Päckchen aufrollen und servieren.

PIKANT EINGELEGTES GEMÜSE

Ergibt 3 x 900 g Gläser

225 g Auberginen

225 g Möhren in Scheiben

225 g Perlzwiebeln

225 g Bohnen, geputzt, je nach Größe halbiert

1 roter Paprika, entkernt, in Ringen

1 grüner Paprika, entkernt, in Ringen

2 EL Salz

3–4 Korea-Chillies in Ringen

1 TL Kreuzkümmelkörner

1 TL Korianderkörner

1 TL gemischte Pfefferkörner

1 zerdrückte Zimtstange

900 ml Essig

2 zerdrückte Knoblauchzehen

2 EL dunkelbrauner Zucker

Auberginen putzen und in kleine Würfel schneiden. Mit dem übrigen Gemüse in eine Schüssel geben, Schicht für Schicht mit Salz bestreuen. Abdecken und über Nacht ziehen lassen.

Chillies, Gewürze, Essig, Knoblauch und Zucker in einen Topf geben und aufkochen lassen. Vom Herd nehmen und in saubere Schüssel oder Krug schütten. Abdecken und mindestens 2 Std. ziehen lassen.

Gemüse gut spülen und abtropfen lassen, anschließend in saubere sterilisierte Gläser füllen. Mit Essig aufgießen und versiegeln. Vor Gebrauch 2 Wochen ziehen lassen.

Thailändische Salatpäckchen ➤

FRITIERTER BRIE-KÄSE MIT PIKANTER APRIKOSENSALSA

Für 4 Personen

225 g französischer Brie-Käse
1 mittelgroßes geschlagenes Ei
100 g frische weiße Semmelbrösel
Öl zum Fritieren

Salsa

1 EL Sonnenblumenöl
1 kleine fein gehackte Zwiebel
1 ungarischer Kirschpaprika, entkernt,
    fein gehackt
1 roter Fresno-Chili, entkernt, fein
    gehackt
100 g fein gehackte Aprikosen
150 ml Apfelsinensaft
frische Salatblätter zum Garnieren

↘ Brie in vier gleiche Portionen schneiden. In geschlagenem Ei wenden, dann in Semmelbröseln. Lose abdecken und in den Kühlschrank stellen, während die Soße zubereitet wird.
↘ Sonnenblumenöl in einer Pfanne erhitzen und Zwiebel, Kirschpaprika und Chili 5 Min. dünsten. Aprikosen und Apfelsinensaft dazugeben, 15 Min. köcheln lassen, bis alles dicklich ist.
↘ Öl zum Fritieren auf 170 °C erhitzen, und Brie 3–4 Min. fritieren, bis er goldgelb ist. Auf Küchenpapier abtropfen lassen. Mit Aprikosensalsa, garniert mit frischen Salatblättern, servieren.

CHILISALAT MIT GARNELEN

Für 4 Personen

1 reife Melone, Sorte Galia oder Ogen,
    entkernt
Rauken- und Radicchioblätter
225 g geschälte Garnelen; frisch oder
    aufgetaut
2 rote Fresno-Chillies, entkernt und in
    Ringen
ein paar Amatista- (oder Fiesta-) Chillies
    zum Garnieren

Dressing

1 EL Sojasoße
2 TL warmer klarer Honig
Salz und Pfeffer
1 EL Tomatenmark
1 roter Fresno-Chili, geröstet, entkernt
    und fein gehackt
1 TL Sesamöl
3 EL Wasser

↘ Melone schälen und in feine Scheiben schneiden. Salatblätter auf vier Tellern anordnen und mit Melonenscheiben und Garnelen belegen. Darüber Chilischeiben verteilen.

↘ Alle Zutaten für das Dressing in ein fest verschließbares Glas geben. Zuschrauben und kräftig schütteln, bis alles gut vermischt ist. Vor dem Servieren das Dressing über die Melone träufeln, darüber die Amatista-Chillies verteilen.

◄ *Fritierter Brie-Käse mit pikanter Aprikosensalsa*

SCHÄRFEGRAD 3–4

Für 4 Personen

4 EL Öl

2 zerdrückte Knoblauchzehen

2 Chawa-Chillies, entkernt, in Ringen

1 TL gemahlener Koriander

1 TL gemahlener Kreuzkümmel

½ TL Kurkuma

1 rote Zwiebel, in feine Ecken geschnitten

1 kleiner roter Paprika, entkernt, in feine Streifen geschnitten

175 g Okras, geputzt und leicht mit einer Gabel eingestochen

225 g Tomaten, geschält, entkernt und gehackt

100 Austernpilze, abgetupft, in Scheiben

1 EL frisch gehackter Koriander

saure Sahne zum Servieren

SCHÄRFEGRAD 5–6

Für 4 Personen

1 große geschälte Gurke

1 kleine rote Zwiebel in feinen Scheiben

2–3 Serrano-Chillies, entkernt und in feinen Ringen

2 EL Limonensaft

1 EL thailändische Fischsoße

2 TL warmer klarer Honig

1 EL Sesamöl

Raukenblätter

50 g große geröstete Erdnüsse, grob gehackt

PIKANTER WARMER SALAT

🌶 Öl in einem Wok oder einer großen Pfanne erhitzen und Knoblauch und Chillies behutsam 2 Min. unter Rühren dünsten. Gewürze zugeben und weitere Min. unter Rühren dünsten.

🌶 Hitze leicht erhöhen, Zwiebel und Paprika zugeben und 2 Min. unter häufigem Rühren dünsten. Okras, gehackte Tomaten und Pilze hineingeben und nochmals 3 Min. unter Rühren braten, bis alles Gemüse fast gar, aber noch knackig ist.

🌶 Gehackten Koriander unterrühren, einzeln auf Tellern servieren, mit einem Häubchen saurer Sahne garniert.

GURKENSALAT MIT CHILLIES

Das Dressing für diesen Salat wird traditionell mit getrockneten Garnelen angerührt. 2 EL werden mit Stößel und Mörser zu feinem Pulver zerstoßen; zum Dressing geben und über die Gurken gießen.

🌶 Gurke der Länge nach in die Hälfte, die Hälften in Scheiben schneiden. Auf einer großen, flachen Platte anordnen. Mit Zwiebel und Chilischeiben bestreuen.

🌶 Limonensaft, Fischsoße, Honig und Öl mischen, über die Gurke gießen und mindestens 30 Min. kühlen stellen, damit sich das Aroma entfaltet.

🌶 Raukenblätter auf einer Servierplatte anordnen, darauf die Gurkenmischung verteilen und mit Erdnüssen bestreuen.

Gurkensalat mit Chillies ▶

Für 4 Personen

Dressing

6 getrocknete Chipotle-Chillies

1 kleine Zwiebel in Scheiben

2 zerdrückte Knoblauchzehen

3 EL mitteltrockener Weißwein

3 EL weißer Weinessig

2 EL Tomatenmark

150 ml Wasser

Salat

100 g Rauke

1 paar kleine Winterendivien- und
   Radicchioblätter

1 kleiner Kopfsalat

2 kleine Chicorée

100 g kleine Spinatblätter

1 kleine rote Zwiebel in feinen Scheiben

3 EL verschiedener frischer Kräuter wie
   Koriander, glatte Petersilie, Oregano
   und Majoran

GEMISCHTER BLATTSALAT MIT CHIPOTLE-CHILIDRESSING

Chipotle-Chillies verleihen dem Dressing ein köstlich rauchiges Aroma. Ganz nach Geschmack können sie durch andere getrocknete Chillies oder Fresno-Chillies ersetzt werden, das ergibt ein frischeres Aroma.

⟍ Getrocknete Chillies, wie auf Seite 16 beschrieben, rehydrieren. Chillies spalten und entkernen. Mit restlichen Dressingzutaten in eine Pfanne geben und zugedeckt 45 Min. kochen, bis die Chillies weich sind und die Flüssigkeit zur Hälfte eingedickt ist.

⟍ Im Mixer oder in der Küchenmaschine glatt pürieren, dann durch ein Sieb streichen, um restliche Samen zu entfernen. Beiseite stellen.

⟍ Alle Salatblätter, Chicorée und Kräuter leicht abspülen und mit Küchenpapier trockentupfen. Blätter zerkleinern, in einer Salatschüssel gut durchmischen.

⟍ Chicorée teilen und mit Zwiebel und Kräutern zum Salat geben. Alles leicht durchmengen. Kurz vor dem Auftragen mit dem Dressing beträufeln und nochmals leicht wälzen.

SCHÄRFEGRAD 6–7

Für 4 Personen

225 g Kichererbsen-, ersatzweise
Weizenmehl

1 TL Kurkuma

2 TL gemahlener Kreuzkümmel

2 TL gemahlener Koriander

1 TL Salz

4 grüne Jalapeño-Chillies, entkernt und
fein gehackt

2 zerdrückte Knoblauchzehen

2 grob geriebene Zwiebeln

6 Frühlingszwiebeln, geputzt und fein
gehackt

ca. 150 ml Eiswasser

Öl zum Fritieren

frische Korianderzweige zum Garnieren

SCHÄRFEGRAD 6

Ergibt 4 x 450 g Gläser

2 Köpfe Chinakohl

1 EL Salz

600 ml Weißwein oder Reisessig

2 EL fein gehackter, geschälter Ingwer

3 zerdrückte Knoblauchzehen

300 g weicher hellbrauner Zucker

3–4 Korea-Chillies, entkernt und in
Ringen

ZWIEBEL-CHILI-BAHDSCHIS

🌶 Mehl, Gewürze und Salz in eine Schüssel sieben, dann gehackte Chillies, Knoblauch, Zwiebeln und Frühlingszwiebeln einrühren.

🌶 Mit dem Eiswasser zu einem leicht tropfenden Teig verrühren.

🌶 Öl auf 160 °C erhitzen und Mischung behutsam löffelweise hineingeben. 2 Min. goldgelb backen. Auf Küchenpapier abtropfen lassen, mit Korianderzweigen garniert servieren.

EINGELEGTER CHINAKOHL

Ähnelt dem koreanischen „Kimchi", Eingelegtem, das den Appetit anregen soll. In Korea und Nordchina kommt es gewöhnlich jeden Tag auf den Tisch.

🌶 Chinakohl putzen und Stiele herausschneiden. (Rest von den Blättern für Salat und in unter Rühren gebratenen Gerichten verwenden.) Stiele in etwa 5 cm lange Streifen schneiden. In ein Sieb geben und jede Schicht mit Salz bestreuen. 30 Min. ziehen lassen. Gründlich spülen und gut abtropfen. In saubere, sterilisierte Gläser füllen.

🌶 Essig, Ingwer, Knoblauch, Zucker und Chillies in eine Pfanne geben und erhitzen, bis sich der Zucker auflöst. Aufkochen und über Chinakohl gießen. Abkühlen lassen, dann abdecken.

🌶 Vor dem Gebrauch Glas mit Eingelegtem 2–4 Tage bei Zimmertemperatur ziehen lassen, einmal täglich Blätter in die Flüssigkeit drücken. Luftblasen entweichen lassen. Hält sich bis zu 1 Monat im Kühlschrank. Vor dem Servieren abgießen.

EIER IM RANCHERSTIL

Huevos rancheros

Für 4 Personen

4 EL Maisöl

4 Tortillas aus Weizen- oder Maismehl

3 feingehackte Schalotten

1 zerdrückte Knoblauchzehe

1–2 rote New-Mexico-Chillies, entkernt und gehackt

225 g reife Tomaten, geschält, entkernt und gehackt

1 EL Tomatenmark

2 EL Wasser

Salz und Pfeffer

4 Eier

4 EL durchgebratene Bohnen

Petersilienzweige zum Garnieren

◟ 1 TL Öl in einer Bratpfanne erhitzen und eine Tortilla 30 Sek. auf beiden Seiten knusprig braten. Abtropfen und warm stellen. Mit den restlichen Tortillas ebenso verfahren.

◟ 2 EL vom restlichen Öl erhitzen und Schalotten, Knoblauch und Chillies 5 Min. dünsten. Tomaten und das mit Wasser vermischte Tomatenmark zugeben, alles köcheln lassen, während die Eier gebraten werden.

◟ Übriges Öl erhitzen, und Eier nach Geschmack braten. Auf jeden Teller eine Tortilla geben, darauf ein Ei und etwas Tomatensoße verteilen. Mit Petersilie garnieren und dazu Frijoles refritos reichen.

GEDÜNSTETE PILZE MIT CHILISALSA

Für 4 Personen

6 EL Olivenöl

1 zerdrückte Knoblauchzehe

2 De-agua-Chillies, entkernt und in Ringen

2 Schalotten in feinen Scheiben

175 g verschiedene wildwachsende Pilze, abgetupft und in Scheiben

100 g abgetupfte Champignons

225 g Flaschentomaten, geschält, entkernt und gehackt

1 EL frisch gehacktes Basilikum

Salz und Pfeffer

1 Ciabattabrot, wahlweise Baguette, in Scheiben

Salsa roja (Seite 46)

frische Basilikumzweige zum Garnieren

↪ 4 EL Öl in einer Bratpfanne erhitzen und behutsam Knoblauch, Chillies und Schalotten 5 Min. dünsten, bis die Schalotten weich und durchsichtig sind.

↪ Pilze dazugeben und 4–5 Min. dünsten. Tomaten und Basilikum unterrühren und würzen; noch 1–2 Min. gut erhitzen.

↪ Unterdessen Brotscheiben mit restlichem Öl beträufeln und leicht toasten. Pilzmischung auf getoastetem Brot anordnen und mit Salsa roja servieren. Mit Basilikumzweigen garnieren.

GEMÜSE-SAMOSAS

Für 4 Personen

100 g Kartoffeln in feinen Würfeln

1 EL Mais- oder Sonnenblumenöl

1 fein gehackte Zwiebel

1 zerdrückte Knoblauchzehe

2 rote Anaheim-Chillies, entkernt und fein gehackt

1 thailändischer (Vogelaugen-) Chili, entkernt und sehr fein gehackt

1 TL gemahlener Kreuzkümmel

1 TL gemahlener Koriander

100 g Erbsen, wenn tiefgefroren, auftauen

1 roter Paprika, entkernt und in Würfeln

1 EL Aprikosen- oder Obstchutney

1 EL frisch gehackter Koriander

4 Scheiben fertiger Blätterteig

Öl zum Fritieren

Chiliblumen (Seite 11) und frischer Koriander zum Garnieren

↪ Gewürfelte Kartoffeln 5–8 Min. in kochendem Salzwasser gerade knapp garen. Abgießen und beiseite stellen.

↪ Mais- oder Sonnenblumenöl in einer Bratpfanne erhitzen und behutsam Zwiebel, Knoblauch und Chillies 3 Min. dünsten. Gewürze zugeben und weitere 3 Min. dünsten.

↪ Vom Herd nehmen und Kartoffeln, Erbsen, roten Paprika, Chutney und gehackten Koriander unterrühren, gut vermischen.

↪ Blätterteig der Länge nach in die Hälfte schneiden, so daß acht 2,5 x 10 cm große Streifen entstehen. 1 ½ TL der Füllung auf ein Ende jedes Streifens geben, dann Streifen schräg zu einem Dreieck falten. Ränder mit Wasser bestreichen, gut festdrücken.

↪ Öl auf 160 °C erhitzen und Samosas portionsweise ca. 5 Min. goldgelb braten. Auf Küchenpapier abtropfen lassen. Mit Chiliblumen und Korianderzweigen garniert, heiß oder kalt servieren.

Gedünstete Pilze mit Chilisalsa ➤

Kapitel 3

Würzige Soßen

CHILI-MAYONNAISE

SCHÄRFEGRAD 4–5

Ergibt 200 ml

2 Eigelb

½–1 TL Salz

½–1 TL Senfpulver

½–1 TL rote Chilipaste (Seite 47)

¼ TL frisch gemahlener Pfeffer

150 ml Olivenöl

1–2 EL klarer Limonensaft

Eigelb, Salz, Pfeffer, Senfpulver und rote Chilipaste in der Küchenmaschine auf niedriger Stufe verrühren. Anfangs Olivenöl tröpfchenweise zugeben, sobald die Mayonnaise sich verdickt, mehr zugießen. Wird die Mayonnaise zu dick, mit wenig Limonensaft verdünnen.

Sobald das gesamte Öl aufgebraucht ist, Limonensaft unterrühren. Zudecken und bis zum Gebrauch in den Kühlschrank stellen. Innerhalb einer Woche zu verbrauchen.

CHILIGEWÜRZ

SCHÄRFEGRAD 5

Ergibt 4–5 EL

2 getrocknete Ancho-Chillies

6 getrocknete Ajipfeffer Mirasol

1 TL Paprika

3 EL grobes Jodsalz

fein geriebene Schale von 1 Zitrone

Chillies von Stielen säubern und entkernen, in eine beschichtete Bratpfanne geben und behutsam 3 Min. anbraten, dabei Pfanne gelegentlich schütteln, damit nichts anbrennt.

Vom Herd nehmen, Chillies in eine Schüssel geben und mit beinahe kochendem Wasser aufgießen. Zudecken und 15–20 Min. ziehen lassen. Abgießen und mit Küchenpapier völlig trockentupfen.

Mit Stößel und Mörser oder in einer Küchenmaschine zu einem Brei zerkleinern. Paprika, Salz und Zitronenschale zugeben und weiter mahlen, bis das Mus ganz fein ist.

In kleine Behälter geben, verschließen und nach Bedarf verwenden. Kühl und dunkel lagern.

CHILIBUTTER

SCHÄRFEGRAD 2–3

Ergibt 100 g

100 g ungesalzene weiche Butter

1 grüner Fresno-Chili, entkernt und fein gehackt

1–2 TL Limonensaft

1–2 TL Chiligewürz (siehe oben)

1 EL frisch gehackter Koriander

Eignet sich hervorragend zum Bestreichen von Maiskolben sowie für Steaks und Gerichte mit Fisch, Huhn und Schweinefleisch.

Alle Zutaten in eine Schüssel geben und gründlich vermischen.

Zu einer 2,5 cm dicken Rolle formen und in Fettpapier schlagen. Bis zum Gebrauch im Kühlschrank aufbewahren.

PIKANTE RINDERHACKSOSSE

Picadillo

Für 4 Personen

1 EL Mais- oder Olivenöl

1 fein gehackte Zwiebel

2 zerdrückte Knoblauchzehen

2 Scotch-bonnet-Chillies, entkernt und gehackt

2 Selleriestangen, geputzt und fein gehackt

350 g Rinderhack

1 EL Tomatenmark

2 EL Wasser

225 g reife Tomaten, geschält und gehackt

1 TL gemahlener Koriander

1 TL gemahlener Kreuzkümmel

2 EL Apfelessig

1 TL klarer Honig

2 EL frisch gehackter Oregano

Für dieses Gericht kann man auch Kenia-Chillies verwenden, will man eine mildere Soße. Dazu Tacos, Enchiladas oder Burritos mit Nudeln oder Reis reichen.

🌶 Öl in einer Bratpfanne erhitzen und Zwiebel, Knoblauch, Chillies und Sellerie 5 Min. dünsten. Rind dazugeben und 5–8 Min. unter häufigem Rühren braun anbraten.

🌶 Tomatenmark mit Wasser vermischen und mit den restlichen Zutaten in die Pfanne geben. Aufkochen, Hitze verringern und 45 Min. köcheln lassen, bis alles ziemlich eingedickt ist.

ROTE CHILISOSSE

Salsa roja

SCHÄRFEGRAD 7–8

Ergibt 350 ml

- 3 rote Serrano-Chillies
- 1 EL Mais- oder Olivenöl
- 4 reife Tomaten, geschält, entkernt und gehackt
- 4 fein gehackte Schalotten
- 2 zerdrückte Knoblauchzehen
- 1 TL gemahlener Kreuzkümmel
- 1 TL gemahlener Koriander
- 150 ml Gemüse- oder Hühnerbrühe
- 2 EL Tomatenmark
- ½ TL Salz
- ½ TL frisch gemahlener Pfeffer
- 1 EL Limonensaft
- 2 EL frisch gehackter Koriander

Grüne wie rote Chilisoße verwendet man als Würze für Fisch-, Fleisch- und Geflügelgerichte oder auch als Dip.

🌶 Grill vorheizen. Chillies aufs Grillblech legen und mit Öl beträufeln. 5 Min. grillen, bis sie schwarz sind und Blasen werfen. In einen Kunststoffbeutel geben und 10 Min. schwitzen lassen; danach Haut abziehen und klein hacken.

🌶 Alle Zutaten außer Koriander in der Küchenmaschine zu einem dicken Mus pürieren.

🌶 In einer Bratpfanne bei niedriger Hitze unter häufigem Rühren 10 Min. braten. (Mit etwas Brühe oder Wasser aufgießen, wenn die Soße zu stark eindickt.)

(Im Uhrzeigersinn von oben links) ►
Rote Chilipaste, Chili-Paprikasoße,
Grüne Chilisoße, Rote Chilisoße

Ergibt 450 ml

450 g grüne Anaheim-Chillies

1 große geviertelte Zwiebel

3 geschälte Knoblauchzehen

2 EL Mais- oder Olivenöl

300 ml Hühner- oder Gemüsebrühe

1 TL Salz

½ TL schwarzer Pfeffer

2 EL frisch gehackter Koriander

Chili in feinen Scheiben zum Garnieren

Ergibt 300 ml

225 g reife Tomaten, geschält, entkernt
   und gehackt

2 fein gehackte Schalotten

2–3 Serrano-Chillies, entkernt und
   gehackt

1 zerdrückte Knoblauchzehe

1 TL Salz

3 EL frisch gehackter Koriander

1 EL Limonensaft oder Apfelessig

7,5 cm großes Stück Gurke, geschält
   und fein gehackt

1 EL Kürbiskerne, geröstet, fein
   gemahlen

Korianderzweige zum Garnieren

Ergibt 5 EL

4 rote Habanero-Chillies, entkernt

1 gehackte Zwiebel

2 zerdrückte Knoblauchzehen

2 TL gemahlener Koriander

1 EL frisch gehackter Koriander

2,5 cm großes Stück Ingwerwurzel,
   geschält und gerieben

geriebene Schale und Saft von
   2 Limonen

1 TL Salz

½ TL schwarzer Pfeffer

3 EL Mais- oder Olivenöl

GRÜNE CHILISOSSE

Salsa verde

Paßt hervorragend zu Eier- und Hühnergerichten oder ist eine gute Grundlage für Eintopf oder Schmorgerichte.

🥄 Grill vorheizen. Chillies, Zwiebel und Knoblauch aufs Grillblech geben und mit Öl beträufeln. 5–8 Min. grillen, bis die Chillies Blasen werfen und die Haut schwarz ist. Chillies in einem Kunststoffbeutel etwa 10 Min. schwitzen lassen, danach Haut abziehen.

🥄 Chillies und alle übrigen Zutaten außer Koriander in die Küchenmaschine geben und zu einem dicklichen Mus pürieren. Koriander unterrühren. Vor dem Servieren kurz aufwärmen; mit Chilischeiben garnieren.

CHILI-PAPRIKASOSSE

Kann ganz nach Belieben als Appetitanreger mit Salatplatte und Taco-Chips gereicht werden.

🥄 Tomaten in eine Schüssel geben und Schalotten, Chillies, Knoblauch, Salz, Koriander und Limonensaft oder Essig unterrühren. Gut vermischen, zudecken und 30 Min. ziehen lassen, damit sich das Aroma entfaltet.
🥄 Gurke und Kürbiskerne einrühren. Mit Korianderzweigen garnieren.

ROTE CHILIPASTE

Eignet sich nicht zum Einfrieren; gibt Suppen, Eintöpfen und Schmorgerichten mehr Geschmack. Dazugeben kurz bevor das Gericht gar ist, um einen starken und feurigen Geschmack zu erhalten.

🥄 Chillies spülen und im oberen Teil eines Dampfkochtopfs 5 Min. weich dämpfen oder mit kochendem Wasser aufgießen und 15 Min. ziehen lassen, abgießen.
🥄 Alle Zutaten in der Küchenmaschine zu einem dicken Mus pürieren; nach Bedarf Öl dazugeben. In verschlossenem Glas in den Kühlschrank stellen. Innerhalb 1 Woche verbrauchen.

Kapitel 4

Kartoffeln und Reis

SCHÄRFEGRAD 5

Für 4 Personen

675 g Kartoffeln in Stücken

Salz und Pfeffer

2 EL Milch

25 g Butter

4 rote Anaheim-Chillies, geschält, entkernt und fein gehackt

6 Frühlingszwiebeln, geputzt und fein gehackt

außerdem Frühlingszwiebel zum Garnieren

SCHÄRFEGRAD 2–3

Für 4 Personen

1 große oder 2 mittelgroße frische Ananas

2 EL Sonnenblumenöl

1 roter Paprika, entkernt und gehackt

225 g Zucchini, geputzt und gewürfelt

6 Frühlingszwiebeln, geputzt und in schrägen Scheiben

300 g gekochter Langkornreis

6 Jalapeño-Chillies aus der Dose, abgetropft und gehackt

Salz und Pfeffer

2 EL geröstete Pinienkerne

3 EL frisch gehackter Koriander

geriebener Käse zum Servieren

SCHÄRFEGRAD 3–4

Für 4 Personen

2 EL Sonnenblumenöl

3 rote New-Mexico-Chillies, geröstet, entkernt und gehackt

225 g gekochter Langkornreis

100 g abgebrühte Erbsen

Salz

100 g geschälte Garnelen; frisch oder aufgetaut

2 mittelgroße geschlagene Eier

2 Frühlingszwiebeln, geputzt und gehackt

PIKANTES KARTOFFELPÜREE

Kartoffeln in kochendem Salzwasser 15 Min. weich kochen. Abgießen, dann mit Gewürzen und Milch glatt pürieren.

In einer großen Pfanne Butter schmelzen, Chillies und Frühlingszwiebeln 3 Min. dünsten.

Kartoffelpüree hineingeben, alles gut verrühren. 5–6 Min. unter gelegentlichem Umrühren kochendheiß erwärmen. Auf Servierplatte geben, mit einer Gabel Muster ziehen. Mit Frühlingszwiebelwürfeln bestreuen. Sofort auftragen.

CHILIREIS MIT ANANAS

Ananas der Länge nach in die Hälfte schneiden und Fruchtfleisch entnehmen. Die äußeren Hälften aufheben. Fruchtfleisch würfeln und auf die Seite stellen.

Öl in einem Topf erhitzen und roten Paprika und Zucchini 5 Min. weich dünsten. Frühlingszwiebeln dazugeben und weitere Min. dünsten. Reis mit Chillies aus der Dose, Gewürz und Ananasstücke darunterrühren.

Unter gelegentlichem Rühren 5 Min. behutsam aufwärmen. Pinienkerne und Koriander einrühren. In die Ananasschalen füllen und mit geriebenem Käse servieren.

GERÖSTETER CHILIREIS

Reis ist das chinesische Hauptnahrungsmittel, das die Grundlage der traditionellen Küche bildet. Dazu verwendet man nach Wunsch thailändische oder Korea-Chillies; da letztere jedoch schärfer sind, sollte man weniger davon nehmen, oder aber man mache sich auf ein Feuerwerk gefaßt!

Öl in einer großen Bratpfanne erhitzen und Chillies behutsam 1 Min. dünsten. Gekochten Reis dazugeben und unter häufigem Rühren 3 Min. lang aufwärmen.

Erbsen, Salz und Garnelen zufügen, dann die Eier darüberschütten und Hitze verstärken. Unter ständigem Rühren 2–3 Min. braten, bis die Eier fest sind. Mit den gehackten Frühlingszwiebeln bestreuen, sofort auftragen.

Chilireis mit Ananas ➤

ROTER REIS

Arroz rojo

Für 4 Personen

2 EL Sonnenblumenöl

1 gehackte rote Zwiebel

2 gehackte Knoblauchzehen

5 rote Anaheim-Chillies, entkernt und
    gehackt

6 getrocknete gehackte Tomaten

750–900 ml Gemüsebrühe

175 g Langkornreis

1 roter Paprika, entkernt und gehackt

2 EL Tomatenmark

Salz und Pfeffer

100 g Maiskörner

frisch gehackter Koriander zum
    Garnieren

Backofen auf 180 °C, Gas auf Stufe 4 vorheizen.

Öl in einem Topf erhitzen und Zwiebel, Knoblauch, Chillies und getrocknete Tomaten 3 Min. behutsam dünsten. Mit 300 ml Brühe aufgießen und 10 Min. köcheln lassen, bis die Tomaten weich sind. In der Küchenmaschine mixen, dann in eine Bratpfanne geben.

Reis, roten Paprika und das mit 2 EL Brühe vermischte Tomatenmark dazugeben. In einen feuerfesten Schmortopf geben, mit 450 ml Brühe aufgießen und würzen.

Aufkochen, zudecken und in den Ofen geben. 30 Min. backen. Maiskörner, wenn nötig mit zusätzlicher Brühe, dazugeben und weitere 10 Min. backen, bis der Reis gar ist. Mit einer Gabel auflockern und mit Koriander bestreut servieren.

GRÜNER REIS

Arroz verde

Für 4 Personen

2 EL Sonnenblumenöl

1 große gehackte Zwiebel

2 gehackte Knoblauchzehen

4 grüne Anaheim-Chillies, entkernt und
    in Ringen

175 g weißer Langkornreis

1 grüner Paprika, entkernt und gehackt

600 ml Gemüsebrühe

Salz und Pfeffer

100 g tiefgefrorene Erbsen

1 EL frisch gehackte Petersilie

2 EL geröstete Kürbiskerne

Reis ist eine vielseitige Grundlage für nahrhafte und relativ preiswerte Gerichte. In Gegenden, wo Reis angebaut wird, hat man viele verschiedene Rezepte mit den unterschiedlichsten Zutaten entwickelt, die man in den jeweiligen Ländern in Fülle findet.

Öl in einer großen Bratpfanne erhitzen und Zwiebel, Knoblauch und Chillies 3 Min. dünsten. Reis und grünen Paprika zugeben und weitere 3 Min. dünsten.

Mit Brühe aufgießen und aufkochen. Hitze verringern und 15 Min. köcheln lassen, bis der Reis beinahe weich ist. Nach Bedarf noch Brühe zugeben und beim Kochen gelegentlich umrühren.

Erbsen einrühren, würzen und abschmecken; weitere 5–7 Min. kochen, bis Reis und Erbsen gar sind. Noch einmal abschmecken, mit Petersilie und gerösteten Kürbiskernen bestreuen und anschließend servieren.

◄ Arroz rojo
   Arroz verde

CHILI-REISBURGER

SCHÄRFEGRAD 5

Für 6 Personen

2 EL Sonnenblumenöl

2 zerdrückte Knoblauchzehen

4 rote De-agua-Chillies, entkernt und gehackt

175 g Kurzkornreis

1 große geriebene Möhre

2 EL Tomatenmark

2 EL Wasser

600 ml Gemüsebrühe

Salz und Pfeffer

200 g rote Kidney-Bohnen aus der Dose, abgetropft und gespült

75 g Maiskörner

2 EL frisch gehackter Koriander

2 TL Olivenöl

1 große Tomate in Scheiben

6 leicht getoastete weiche Brötchen

Chili-Paprikasoße (S. 47) zum Servieren

❧ Sonnenblumenöl in einer Bratpfanne erhitzen und Knoblauch und Chillies 5 Min. dünsten. Reis dazugeben, weitere 3 Min. unter gelegentlichem Rühren braten. Die Möhre darunterrühren.

❧ Tomatenmark mit Wasser verrühren und in die Pfanne geben, mit Brühe aufgießen. Gewürze zufügen und aufkochen lassen. Hitze reduzieren, 20 Min. köcheln lassen, bis der Reis gar ist. Gelegentlich umrühren; wenn der Reis sehr trocken ist, zusätzlich Brühe aufgießen.

❧ Kidney-Bohnen und Mais zugeben, weitere 5 Min. kochen. (Die Mischung muß sehr steif sein, damit sie zusammenhält.) Gehackten Koriander unterrühren, vom Herd nehmen. Abkühlen lassen.

❧ Sobald alles zum Weiterverarbeiten kühl genug ist, leicht die Hände befeuchten und sechs große Burger formen. Zugedeckt für mindestens 30 Min. in den Kühlschrank stellen.

❧ Grill auf mittlere Temperatur vorheizen. Burger unter den Grill legen und leicht mit etwas Olivenöl bestreichen. 4–5 Min. grillen, bis sie durchgewärmt sind, einmal behutsam wenden.

❧ Auf jede untere Brötchenhälfte eine Tomatenscheibe legen, darauf einen Reisburger. Soße darübergeben, mit der zweiten Brötchenhälfte zudecken, Chili-Paprikasoße extra dazu servieren.

KARTOFFELCURRY

SCHÄRFEGRAD 6

Für 4 Personen

1 TL Kreuzkümmelkörner

1 TL ganzer Koriander

1 TL griechische Heukörner

5 Nelken

6 Kardamomschoten

2 EL Sonnenblumenöl

1 große Zwiebel in Scheiben

2 zerdrückte Knoblauchzehen

4 rote Jalapeño-Chillies, entkernt und gehackt

675 g gewürfelte Kartoffeln

600 ml Gemüsebrühe

1 roter Paprika, enthäutet, entkernt und in Ringen

2 EL frisch gehackter Koriander

❧ Gewürze mit Stößel und Mörser oder in der Küchenmaschine zu Pulver zerkleinern.

❧ Öl in einem großen Topf erhitzen und Zwiebel, Knoblauch und Chillies 5 Min. weich dünsten. Gemahlene Gewürze dazugeben und weitere 3 Min. unter gelegentlichem Rühren leicht braten.

❧ Kartoffeln mit der Brühe zugeben und aufkochen lassen. Topf zudecken, auf niedriger Stufe 15 Min. köcheln lassen, bis die Kartoffeln gar sind.

❧ Rote Paprikaringe dazugeben, weitere 5 Min. kochen. Frisch gehackten Koriander unterrühren und sofort autragen.

Für 4 Personen

675 g Kartoffeln in kleinen Würfeln

1 große Zwiebel in Scheiben

2 gehackte Knoblauchzehen

5 rote Fresno-Chillies

4–5 EL Olivenöl

Salz und Pfeffer

100 g Erdnüsse

geriebener Parmesankäse

KARTOFFELN MIT CHILI, ERDNÜSSEN UND KÄSE

⟋ Backofen auf 200 °C, Gas auf Stufe 6 vorheizen.

⟋ Kartoffeln auf ein Blech geben und mit Zwiebel und Knoblauch bestreuen.

⟋ Chillies der Länge nach einschneiden und entkernen. Grob hacken. Zum Gemüse geben und mit Öl beträufeln, Gewürze dazugeben. Gemüse in Öl wenden und 50 Min. im Ofen backen; gelegentlich wenden.

⟋ Gemüse mit Erdnüssen bestreuen und weiterbacken, bis alles gar und goldgelb ist. Mit Parmesankäse bestreuen.

Fisch

Für 4 Personen

4 je 175 g schwere Lachssteaks

1 kleine Zwiebel in Scheiben

2 Lorbeerblätter

ein paar Petersilienzweige

4–5 Pfefferkörner

150 ml trockener Weißwein

1 EL weißer Weinessig

150 ml Wasser

Soße

2 EL Olivenöl

1 zerdrückte Knoblauchzehe

2,5 cm großes Stück Ingwerwurzel,
geschält und gerieben

100 g Erdnüsse

2 rote thailändische Chillies, entkernt
und in Ringen

2 TL dunkelbrauner Zucker

300 ml Gemüsebrühe

1 EL Zitronensaft

Zitronenecken zum Garnieren

LACHSSTEAKS IN THAILÄNDISCHER SOSSE

Lachs abtupfen, beiseite stellen. Zwiebel, Lorbeerblätter, Petersilie, Pfefferkörner, Wein und Essig in eine Bratpfanne geben. Mit dem Wasser aufgießen und aufkochen lassen. Hitze reduzieren, 10 Min. köcheln lassen. Durch ein Sieb streichen und Flüssigkeit beiseite stellen, bis der Fisch darin gekocht wird.

Für die Soße Öl in der Bratpfanne erhitzen, Knoblauch und Ingwer 2 Min. dünsten. Erdnüsse zugeben und behutsam 10 Min. goldgelb braten.

Erdnüsse und Chillies mit Knoblauch, Ingwer und Öl mit den restlichen Soßenzutaten in der Küchenmaschine pürieren, in die saubere Pfanne zurückgeben und 8–10 Min. köcheln lassen, bis alles leicht eingekocht ist. Warm stellen, während der Fisch gekocht wird.

Für den Fisch aufbewahrte Flüssigkeit in der Bratpfanne erhitzen und den Fisch hineingeben. Aufkochen lassen, zudecken und bei geringer Hitze leicht köcheln lassen, insgesamt 3–4 Min., bis der Fisch gar ist. Abtropfen und auf Tellern anrichten, etwas von der Soße darübergießen. Mit Zitronenecken garnieren.

KRABBEN IN KOKOSSOSSE

Für 4 Personen

2 zerdrückte Knoblauchzehen

4 fein gehackte Schalotten

2,5 cm großes Stück Ingwerwurzel,
geschält und gerieben

3 rote Fresno-Chillies, entkernt und fein
gehackt

6 getrocknete Ajipfeffer Mirasol,
geröstet und rehydriert (Seite 16)

2 EL Mais- oder Sonnenblumenöl

450 g weißes Krabbenfleisch; frisch
oder abgetropft aus der Dose

150 ml Kokosmilch

1 EL Maismehl

2 EL Wasser

150 ml Crème fraîche

Chiliblumen (Seite 11) und Zitronenecken zum Garnieren

Knoblauch, Schalotten, Ingwer, frische und rehydrierte getrocknete Chillies in die Küchenmaschine geben und pürieren. Statt dessen kann man auch Stößel und Mörser verwenden.

Öl in einem Wok oder einer großen Pfanne erhitzen und Mus behutsam 3 Min. anbraten; nicht anbrennen lassen! Krabbenfleisch zugeben und unter häufigem Rühren 3 Min. aufwärmen.

Mit Kokosmilch aufgießen und aufkochen lassen. Maismehl mit Wasser zu glattem Brei verrühren und unter die Krabbenfleisch-mischung rühren. Unter ständigem Rühren kochen, bis die Soße eindickt. Crème fraîche darunterziehen und 1–2 Min. aufwärmen. Mit Chiliblumen und Zitronenecken garnieren und dazu warmes knuspriges Brot servieren.

Lachssteaks in thailändischer Soße ➤

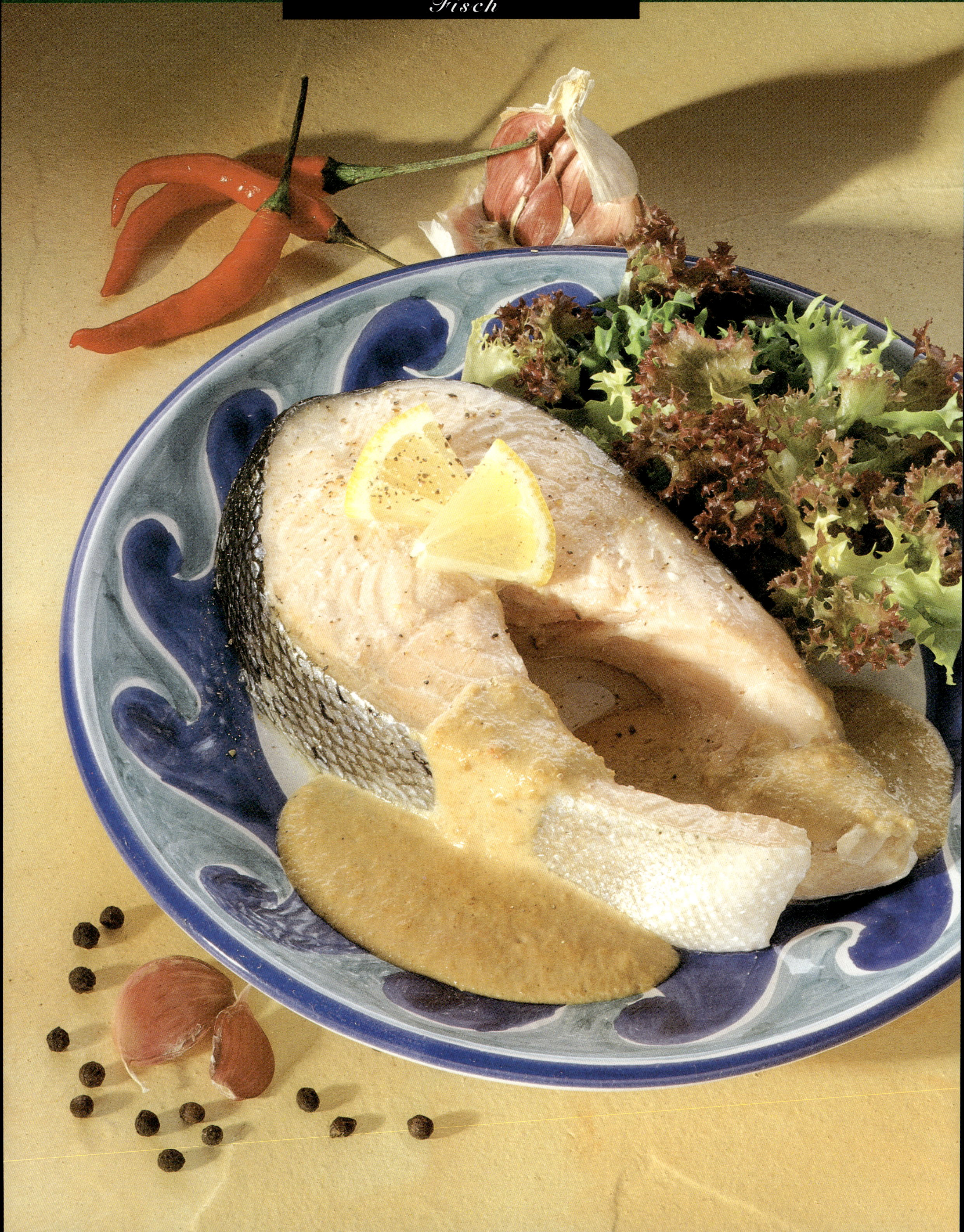

MEERESFRÜCHTE-GUMBO

Für 4 Personen

2 EL Mais- oder Sonnenblumenöl

1 große gehackte Zwiebel

2 zerdrückte Knoblauchzehen

2–3 scharfe Jamaika-Chillies, entkernt und gehackt

2 Selleriestangen, geputzt und gehackt

2 rote Paprika, entkernt und in Ringen

100 g gehackter Rückenspeck

2 EL Filépulver oder Mehl

3 geräucherte Schweinswürstchen oder italienische Würstchen, geschnitten

225 g Tomaten, geschält und gehackt

225 g Okras, geputzt und in Scheiben

600 ml Hühnerbrühe

225 g Engelhai, entgrätet, enthäutet und in Scheiben

225 g rohe Garnelen, ohne Schale und Darm

225 g Tintenfisch, vorbereitet (Seite 66) und in Ringen

½–1 TL Tabascosauce

Salz und Pfeffer

175 g frischgekochter Langkornreis

2 EL frisch gehackte Petersilie, um Reis zu garnieren

Gumbos sind je nach Region verschieden; feste Regeln gibt es nicht. Nur Okras oder Ladyfingers sind als Grundzutaten unerläßlich. Filépulver verwendet man zum Andicken; es kann aber auch gewöhnliches Mehl sein.

➘ Öl in einem großen Topf erhitzen, Zwiebel, Knoblauch, Chillies und Sellerie 5 Min. behutsam weich dünsten.

➘ Rote Paprika in Ringen und Speck zugeben und weitere 3 Min. dünsten. Mit Filépulver oder Mehl bestreuen und noch einmal 3 Min. leicht dünsten.

➘ Würstchen, Tomaten und Okras hineingeben und mit Brühe aufgießen; aufkochen lassen. Hitze verringern, 10 Min. unter gelegentlichem Rühren köcheln lassen. Engelhai zufügen und noch weitere 10 Min. köcheln lassen, bis der Fisch fast gar ist.

➘ Garnelen, Tintenfisch und Tabascosauce unterrühren, und würzen. 5–7 Min. kochen, bis alles gar, aber nicht zu weich ist. Schließlich Reis und Petersilie hineingeben. 5–7 Min. aufwärmen und servieren.

GEBACKENER ENGELHAI

Für 4 Personen

675 g großes Stück Engelhai, enthäutet

4 rote Fresno-Chillies, entkernt und in Streifen

1 rote Zwiebel in Scheiben

3 große Möhren in Scheiben

6 Selleriestangen, geputzt und gehackt

2–3 frische Lorbeerblätter

Salz und Pfeffer

2 EL Sonnenblumen- oder Olivenöl

150 ml Fisch- oder Gemüsebrühe

frisch gehackte Petersilie und entkernter roter Fresno-Chili in feinen Ringen zum Garnieren

➘ Backofen auf 180 °C, Gas auf Stufe 4 vorheizen.

➘ Mittlere Gräte mit einem scharfen Messer vom Fleisch lösen und fortwerfen. Spülen, und mit Küchenpapier trocken tupfen. Fischfilet auf allen Seiten leicht einritzen und Chilistreifen in die Ritzen drücken.

➘ Gemüse mit Lorbeerblättern auf eine große Folie und darauf den Fisch legen. Mit Salz und

Pfeffer bestreuen. Öl und Brühe darübergießen, Folie zusammenfalten, so daß der Fisch völlig davon eingeschlossen ist. Auf ein Backblech legen.

➘ 20–25 Min. schmoren, bis der Fisch gar ist. Während des Schmorens gelegentlich begießen. Lorbeerblätter entfernen, Fisch mit dem geschmorten Gemüse servieren.

◄ *Meeresfrüchte-Gumbo*

Für 6 Personen

225 g fertiger Mürbeteig

1 EL Mais- oder Sonnenblumenöl

1 fein gehackte Zwiebel

2–3 rote Anaheim-Chillies, entkernt und in Ringen

100 g Rückenspeck in Streifen

225 g weißes geflocktes Krabbenfleisch

100 g geschälte Garnelen, frisch oder aufgetaut

2 mittelgroße Eier

150 ml Sahne mit geringem Fettgehalt

Salz und Pfeffer

CHILIQUICHE MIT MEERESFRÜCHTEN

⤹ Backofen auf 200 °C, Gas auf Stufe 6 vorheizen.

⤹ Teig auf einer leicht mit Mehl bestäubten Fläche ausrollen, und damit eine 20 cm große Springform auslegen. Auf den Boden ein Blatt Backpapier, darauf Bohnen geben und 12 Min. backen. Papier und Bohnen herausnehmen, Teig weitere 5 Min. backen. Ofentemperatur auf 180 °C, Gas auf Stufe 4 zurückstellen.

⤹ Unterdessen Öl in einer Bratpfanne erhitzen und Zwiebel und Chillies 2 Min. dünsten. Speck zufügen, weitere 3 Min. dünsten. Abtropfen lassen, Speckmischung auf dem Boden der Form verteilen.

⤹ Speck dann mit Krabbenfleisch und Garnelen belegen. Eier mit der Sahne schlagen, würzen und über das Krabbenfleisch gießen. 20–25 Min. backen, servieren.

Für 4 Personen

8–12 große grüne Chillies aus der Dose, abgetropft

225 g geschälte Garnelen; frisch oder aufgetaut, fein gehackt

4 Frühlingszwiebeln, geputzt und gehackt

3 grüne Jalapeño-Chillies, entkernt und fein gehackt

50 g geriebener harter Käse, z. B. Greyerzer

1 kleiner roter Apfel, entkernt und fein gehackt

geriebene Schale von 1 Zitrone

Salz und Pfeffer

3–4 EL fertige Mayonnaise

zum Garnieren Salatblätter und rote Jalapeño-Chillies in Ringen

GARNELEN-RELLENOS

Rellenos bedeutet gefüllt. Gibt es keine Chillies in Dosen, große frische verwenden, die entkernt und abgebrüht wurden.

⤹ Dosenchillies mit Küchenpapier trockentupfen und der Länge nach aufschneiden. Nach Bedarf Samen entfernen, dann spülen und noch einmal trockentupfen.

⤹ Garnelen, Frühlingszwiebeln, Chillies, Käse, Apfel und Zitronenschale vermischen und nach Geschmack würzen. Mayonnaise daruntermischen.

⤹ Chillies mit der Garnelenmischung füllen. Auf einer Servierplatte anordnen, mit Salatblättern und geschnittenen Jalapeño-Chillies garnieren.

Garnelen-Rellenos ➤

MUSCHELN MIT CHILI UND KRÄUTERN

SCHÄRFEGRAD 4–5

Für 4 Personen

24 lebende Muscheln, gebürstet, offene nicht verwenden

1 EL Sonnenblumenöl

1 rote Zwiebel in feinen Scheiben

4 rote De-agua-Chillies, entkernt und in Ringen

Schale von 1 Zitrone

2,5 cm großes Stück Ingwerwurzel, geschält und gerieben

2 zerdrückte Knoblauchzehen

1 EL thailändische Fischsoße

4 EL Kokosmilch

300 ml Fisch- oder Gemüsebrühe

1 EL Maismehl

3 EL kaltes Wasser

1 EL frisch gehackte Minze

1 EL frisch gehacktes Basilikum

Muscheln in eine große Schüssel geben, mit kaltem Wasser aufgießen und kühl stellen.

Öl in einem Wok oder großen Topf erhitzen und Zwiebel, Chillies, Zitronenschale, Ingwer und Knoblauch 2 Min. dünsten. Fischsoße, Kokosmilch und Brühe dazugeben. Muscheln abgießen und in den Topf geben. Aufkochen, Topf zudecken, und Hitze verringern. 3–5 Min. köcheln lassen, den Topf schütteln.

Maismehl mit Wasser verrühren und mit Kräutern in den Topf geben. Unter Umrühren kochen, bis die Brühe eindickt. Alle Muscheln fortwerfen, die sich nicht geöffnet haben, dann servieren.

GARNELEN MIT KÜRBISKERNEN

Camarones en pepitas

Für 4 Personen

100 g Kürbiskerne

1 kleine gehackte Zwiebel

6 Tomaten, geschält, entkernt und gehackt

2 grüne Jalapeño-Chillies

2 EL klarer Honig

300 ml Fisch- oder Gemüsebrühe

1 EL frisch gehackter Koriander

Salz und schwarzer Pfeffer

2 EL Tomatenpüree mit 4 EL Wasser verrührt

450 g rohe Garnelen; frisch oder aufgetaut, geschält, mit Schwanz, ohne Darm

frische Korianderzweige zum Garnieren

frisch gekochter Reis oder warmes Brot zum Servieren

In der mexikanischen Küche verwendet man häufig Kürbiskerne, fast immer geröstet und dann zu Pulver gemahlen.

Grill auf mittlere Temperatur vorheizen und Kürbiskerne auf ein Grillblech legen. 2–3 Min. rösten, häufig rühren, damit sie nicht anbrennen. Herausnehmen und abkühlen lassen.

Geröstete Kerne in der Küchenmaschine fein zermahlen oder aber mit Stößel im Mörser zerstampfen. Die restlichen Zutaten außer Tomatenmark und Garnelen ebenfalls in die Küchenmaschine geben und verrühren.

Dann alle Zutaten mit Tomatenmark in einen Topf geben und leicht aufkochen lassen. Hitze verringern und Garnelen dazugeben. 3–5 Min. leicht erhitzen, bis die Garnelen gar sind. Die Mischung auf keinen Fall zum Kochen bringen, sonst werden die Garnelen zäh. Mit Korianderzweigen garnieren und sofort mit frischgekochtem Reis oder mit warmem Brot reichen.

GEMISCHTER FISCH À LA CRÉOLE

Für 4 Personen

2 EL Öl

1 große gehackte Zwiebel

2 zerdrückte Knoblauchzehen

4–5 Rocotillo-Chilipaprika, entkernt

2 Selleriestangen, geputzt und gehackt

1 roter Paprika, entkernt und in Ringen

1 grüner Paprika, entkernt und in Ringen

2 EL Tomatenpüree

2 EL Wasser

300 ml Fisch- oder Hühnerbrühe

400 g gehackte Tomaten aus der Dose

1 TL Worcestersauce

Salz und Pfeffer

225 g weiße Fischfilets, z. B. Pollack oder Kabeljau

225 g Makrelenfilets

1 EL frisch gehackter Oregano

1 EL frisch gehackter Majoran

Saft von ½ Limone

100 g geschälte Garnelen

frische Oregano- oder Majoranzweige zum Garnieren

frischgekochter Reis, grüner Salat zum Servieren

Öl in einem großen Topf erhitzen und Zwiebel, Knoblauch, Chillies und Sellerie 5 Min. weichdünsten. Paprika dazugeben und weitere 3 Min. dünsten.

Tomatenmark mit Wasser vermischen und zusammen mit gehackten Tomaten und Worcestersauce in den Topf geben, mit der Brühe aufgießen und würzen. Aufkochen lassen, bei schwacher Hitze etwa 20 Min. köcheln lassen, bis die Soße eingedickt ist.

Fischfilets enthäuten, Gräten entfernen. Fisch in mundgerechte Happen schneiden, spülen und mit Küchenpapier trockentupfen.

Fisch mit Kräutern und Zitronensaft in den Topf geben, weitere 6 Min. köcheln lassen. Garnelen zugeben und noch einmal 4 Min. leicht kochen, bis der Fisch gar ist. Mit den Kräutern garnieren und mit frischgekochtem Reis und grünem Salat reichen.

KABELJAUCURRY MIT CHILIPAPRIKA

SCHÄRFEGRAD 6–7

Für 4 Personen

675 g feste weiße Fischfilets, z. B.
   Engelhai, Kabeljau oder Hoki

2 EL Maisöl

1 große gehackte Zwiebel

3 zerdrückte Knoblauchzehen

4 Rocotillo-Chillies, entkernt und in Ringen

4 getrocknete Pasilla-Chillies, geröstet,
   rehydriert und zu einer Paste
   gemahlen

1 TL gemahlener Kreuzkümmel

1 TL gemahlener Koriander

1 TL Kurkuma

400 g gehackte Tomaten aus der Dose

2 EL Tomatenmark

4 EL Wasser

3 EL Zitronensaft

2 EL frisch gehackter Koriander

frischgekochter Reis und Beilagen zum
   Servieren

Die getrockneten Chillies können nach Wunsch durch 3–4 Fresno-Chillies ersetzt werden.

✎ Gräten aus dem Fisch entfernen. Spülen, mit Küchenpapier trockentupfen und in Würfel schneiden.

✎ Öl in einem großen Topf erhitzen und Zwiebel, Knoblauch und Chillies 5 Min. weich dünsten. Gewürze zugeben und anschließend unter gelegentlichem Rühren weitere 5 Min. dünsten.

✎ Dosentomaten, Tomatenmark, Wasser und Zitronensaft zugeben und bei schwacher Hitze 15 Min. köcheln lassen.

✎ Fisch in den Topf geben und weitere 10 Min. kochen, bis der Fisch gar ist. Gehackten Koriander untermischen und mit frischgekochtem Reis und Beilagen servieren.

TINTENFISCH IN SCHARFER PAPRIKASOSSE

SCHÄRFEGRAD 8–10

Für 4 Personen

675 g Tintenfisch

2 gehackte Schalotten

2 zerdrückte Knoblauchzehen

2 rote Habanero-Chillies, entkernt und
   gehackt

4 getrocknete Ancho-Chillies, geröstet
   und rehydriert (Seite 16)

2 EL Mais- oder Sonnenblumenöl

350 g Flaschentomaten, geschält, entkernt und gehackt

Saft von 2 Limonen

2–3 TL weicher brauner Zucker

ein paar frische Oreganozweige

✎ Als erstes den Tintenfisch spülen und die Fangarme abschneiden. Kopf, Innereien und durchsichtigen Kiel in der Mitte entfernen. Purpurfarbene Außenhaut abreiben, spülen und in Scheiben schneiden.

✎ Schalotten, Knoblauch und beide Chilisorten in den Mörser geben und mit dem Stößel zu einer Paste verarbeiten.

✎ Öl in einem Wok oder großen Topf erhitzen und Paste behutsam 3 Min. darin dünsten. Tomaten, Limonensaft und Zucker dazugeben, 10–12 Min. kochen, bis eine dicke Soße entsteht.

✎ Oregano zufügen (etwas zum Garnieren zurücklassen), ebenso den Tintenfisch, 5 Min. köcheln lassen, bis der Tintenfisch gar ist. Nicht zu stark kochen, sonst wird der Tintenfisch gummiartig. Mit restlichem Oregano bestreuen und servieren. Je nach Geschmack kann man das Gericht noch mit der scharfen Pfeffersoße (Seite 10) würzen.

Tintenfisch in scharfer Paprikasoße ➤

CEBICHE

Für 4 Personen

675 g verschiedene weiße gesäuberte
  Fischfilets, z. B. Engelhai Kabeljau und
  Seezunge,

250 ml Limonensaft

3 EL Oliven- oder Sonnenblumenöl

2 Zwiebeln in feinen Scheiben

2 zerdrückte Knoblauchzehen

4 grüne De-agua-Chillies, entkernt und
  in Ringen

4 Tomaten, geschält, entkernt und
  gehackt

Salz und Pfeffer

1 Spritzer Tabascosauce

2 EL frisch gehackter Koriander

knackiger Kopfsalat in kleinen Stücken

zum Garnieren frisch gehackter Koriander, entkernte grüne Oliven und Limonenecken

warmes Fladenbrot oder knuspriges
  Brot zum Servieren

*Ein traditionelles mexikanisches Gericht,
manchmal seviche, in Spanien auch escabe-
che geschrieben. Bestandteil sind Meeres-
früchte oder eine Mischung von weißem Fisch
und Meeresfrüchten; unbedingt frisch!*

Fisch von Gräten säubern, spülen und mit Küchenpapier trockentupfen. In kleine, mundgerechte Stücke schneiden und in eine flache Glasschüssel geben.

Limonensaft darübergießen, so daß der Fisch völlig bedeckt ist. Umrühren, Schüssel zu-decken und im Kühlschrank 10–12 Std. marinieren. Während dieser Zeit gelegentlich umrühren. Der Fisch ist fertig, wenn das Fleisch fest und weiß ist.

Saft abgießen und Fisch beiseite stellen. Restliche Zutaten (außer Kopfsalat und Garnierung) mischen. Abgetropften Fisch einrühren.

Kopfsalat in eine Servierschüssel geben und Fisch mit Soße darauf anordnen. Garnieren und mit warmem Fladenbrot oder knusprigem Brot reichen.

MEXIKANISCHE KRABBE

Jaiba mexicana

Für 4 Personen

1 EL Mais- oder Sonnenblumenöl

1 fein gehackte Zwiebel

1 zerdrückte Knoblauchzehe

2 grüne New-Mexico-Chillies, entkernt
  und fein gehackt

2 gekochte Krabben, nicht eßbare Teile
  entfernt und geflockt oder 350 g
  geflocktes weißes Krabbenfleisch

50 g frische weiße Semmelbrösel

50 g Maiskörner

2 Eier, hartgekocht, geschält und fein
  gehackt

Salz und Pfeffer

1 EL frisch gehackte Petersilie

Schale von 1 Limone

Limonenecken und frische Kräuter zum
  Garnieren

Backofen auf 180 °C, Gas auf Stufe 4 vorheizen.

Öl in einem großen Topf erhitzen und Zwiebel, Knoblauch und Chillies behutsam 5 Min. weich dünsten. Vom Feuer nehmen, und Krabbenfleisch unterrühren.

Hälfte der Semmelbrösel, Maiskörner, gehacktes Ei und Gewürze, Petersilie und Limonenschale zugeben und alles gut mischen.

Mischung auf vier saubere Krabbenschalen oder feuerfeste Formen verteilen und restliche Semmelbrösel darüberstreuen. 20 Min. backen, bis alles gut durchgewärmt ist. Mit Limonenecken und frischen Kräutern garnieren.

◄ Cebiche

GEGRILLTER THUNFISCH MIT PAPAYASALSA

SCHÄRFEGRAD 4–5

Für 4 Personen

Salsa

175 g reife Tomaten, geschält und entkernt

2 fein gehackte Schalotten

2 grüne De-agua-Chillies, geröstet,
geschält, entkernt und fein gehackt

1 kleiner grüner Paprika, geröstet,
geschält, entkernt und fein gehackt

1–2 TL Melassezucker

1 kleine reife Papaya, geschält, entkernt
und fein gehackt

Thunfisch

4 je ca. 175 g schwere Thunfischsteaks

2 EL Olivenöl

Saft von 2 Limonen

Salz und Pfeffer

frische glatte Petersilie zum Garnieren

frisch getoastetes Brot, z. B. Ciabatta,
mit Olivenöl beträufelt, zum Servieren

⌣ Salsazutaten mischen. In eine Schüssel geben, zugedeckt mindestens 1 Std. ziehen lassen, damit sich das Aroma entfaltet.

⌣ Grill auf mittlere Temperatur vorheizen und Grillblech mit Folie auslegen. Thunfischsteaks mit Küchenpapier trockentupfen. Öl und Limonensaft vermischen, würzen und Thunfischsteaks damit auf beiden Seiten bestreichen.

⌣ Fisch auf Folie legen, auf jeder Seite 2 Min. grillen. Hitze reduzieren und weitere 3 Min. auf jeder Seite grillen, bis der Fisch gar ist. Auf getoastetem Brot mit Salsa servieren. Mit Petersilie und Zitronenecken garnieren.

PIKANTER FISCHEINTOPF

SCHÄRFEGRAD 5–6

Für 4 Personen

450 g Fischfilet von Makrele, Meer-
brasse, Seebarsch oder Pollack

1 EL Mais- oder Sonnenblumenöl

1 große Zwiebel in Scheiben

5 rote Serrano-Chillies, entkernt und in
feinen Ringen

1 TL gemahlener Ingwer

1 TL gemahlener Zimt

1 TL gemahlener Kreuzkümmel

3 Möhren in Scheiben

675 g Kartoffeln, geschält und in dicken
Scheiben

600 ml Fisch- oder Gemüsebrühe

2 Zucchini, geputzt und in Scheiben

Salz und Pfeffer

100 g geschälte rohe Garnelen

2 EL frisch gehackter Estragon

warmes Brot zum Servieren

⌣ Fisch von Gräten säubern, spülen und mit Küchenpapier trockentupfen. In kleine Würfel schneiden.

⌣ Öl in einem großen Topf erhitzen, und Zwiebel und Chillies 5 Min. dünsten. Gewürze dazugeben und 3 weitere Min. dünsten.

⌣ Möhren und Kartoffeln dazu, mit Brühe aufgießen. Aufkochen, Topf zudecken, Hitze reduzieren und 15 Min. köcheln lassen, bis die Kartoffeln bröckeln.

⌣ Zucchini, Fischwürfel und Garnelen hineingeben und 5–8 Min. kochen, bis Gemüse und Fisch gar sind. Würzen, abschmecken und gehackten Estragon unterrühren. In tiefen Schüsseln mit warmem Brot servieren.

Gegrillter Thunfisch mit Papayasalsa ➤

ROTE MEERÄSCHE AUF TOMATENPÜREE

SCHÄRFEGRAD 2–3

Für 4 Personen

*2 große Rote Meeräschen oder
Schnappbarsche, filetiert und entgrätet*

4 EL Olivenöl

120 ml Limonensaft

*2 grüne Anaheim-Chillies, entkernt und
in feinen Ringen*

*1–2 TL angewärmter mexikanischer
Honig*

Tomatenpüree

1 EL Olivenöl

2 gehackte Schalotten

1 zerdrückte Knoblauchzehe

*3 rote Anaheim-Chillies, entkernt und
gehackt*

1 EL Tomatenmark

1 EL Wasser

*450 g reife Tomaten, geschält, entkernt
und gehackt*

Saft von ½ Zitrone

Salz und Pfeffer

*ein paar Brunnenkressezweige,
Limonenecken und Limonenschale
zum Garnieren*

🌙 Fisch spülen und mit Küchenpapier trockentupfen. In eine flache Schale legen. Öl, Limonensaft, Chillies und Honig verrühren und über den Fisch gießen. Zugedeckt mindestens 1 Std. ziehen lassen. Während dieser Zeit ab und zu wenden.

🌙 Unterdessen Püree zubereiten. Öl in einer Pfanne erhitzen und Schalotten, Knoblauch und Chillies 5 Min. weich dünsten. Tomatenmark mit Wasser verrühren und zusammen mit gehackten Tomaten, Limonensaft und Gewürzen in den Topf geben. Aufkochen lassen, Topf bedecken und bei schwacher Hitze 15 Min. köcheln lassen.

🌙 Vom Herd nehmen und etwas abkühlen lassen. In der Küchenmaschine pürieren, anschließend durch ein feines Sieb streichen, um alle Samen zu entfernen. Abschmecken und je nach Bedarf leicht aufwärmen.

🌙 Grill auf mittlere Temperatur vorheizen und Grillblech mit Folie auslegen. Fisch abgetropft auf die Folie unter den Grill legen. 8–10 Min. weich backen, dabei einmal wenden.

🌙 Vor dem Servieren Tomatenpüree auf vier Teller verteilen und gebackenen Fisch darauf geben. Mit Wasserkresse, Limonenecken und -schale garnieren.

Für 4 Personen

8–12 Sardinen (je nach Größe),
   gesäubert
120 ml Apfelsinensaft
4 EL Olivenöl
4 grüne Jalapeño-Chillies, entkernt und
   in feinen Ringen
1 EL weicher brauner Zucker
einige frische Rosmarinzweige
Apfelsinenecken und frische Rosmarinzweige zum Garnieren

Für 4 Personen

4 je 175 g schwere Schellfisch- oder
   Kabeljausteaks
1 EL Mais- oder Sonnenblumenöl
2 zerdrückte Knoblauchzehen
3 rote Jalapeño-Chillies, entkernt und
   in feinen Ringen
1 TL Kurkuma
1 TL gemahlener Kreuzkümmel
1 TL gemahlener Koriander
1 TL gemahlenes griechisches Heu
6 zerdrückte Kardamomschoten
150 ml Naturjoghurt
25 g geröstete Mandelsplitter
frische Kräuter zum Garnieren

SARDINEN IN APFELSINEN-CHILIMARINADE

❧ Sardinen abwischen oder leicht spülen und mit Küchenpapier trockentupfen. In eine flache Schale geben. Apfelsinensaft, Öl, Chillies und Zucker mischen und über die Sardinen gießen. Rosmarinzweige zerkleinern und darüberstreuen. Zugedeckt mindestens 2 Std. in den Kühlschrank stellen, Sardinen gelegentlich wenden.

❧ Grill auf mittlere Temperatur vorheizen und Grillblech mit Folie auslegen. Sardinen abge-tropft auf die Folie unter den Grill legen. Dann 3–4 Min. grillen, dabei mindestens einmal mit der Marinade begießen. Mit Apfelsinenecken und Rosmarinzweigen garnieren.

❧ Ebensogut können die Sardinen auch 3–4 Min. auf dem offenen Grill bei guter Glut gebraten werden. Am besten gibt man sie dazu auf einen Fischrost.

FISCH IN PIKANTER JOGHURTMARINADE

❧ Fisch leicht spülen, in Würfel schneiden und in eine flache Schale geben.

❧ Öl erhitzen und Knoblauch und Chillies 3 Min. unter häufigem Rühren behutsam dünsten. Gewürze dazugeben und weitere 3–4 Min. leicht dünsten. Vom Herd nehmen und Joghurt unterrühren. Über den Fisch gießen, zugedeckt im Kühlschrank mindestens 1 Std. in der Marinade ziehen lassen, Fisch nach 30 Min. wenden.

❧ Grill auf mittlere Hitze vorheizen und Grillblech mit Folie auslegen. Fisch aus der Joghurtmarinade nehmen und auf Spieße stecken. 3–4 Min. unter dem Grill garen. Mit Mandeln bestreuen, mit frischen Kräutern garnieren und servieren.

Sardinen in Apfelsinen-Chilimarinade ➤

GEGRILLTE KÖNIGSGARNELEN

SCHÄRFEGRAD 4–5

Für 4 Personen

*450 g rohe Tigergarnelen; frisch oder
aufgetaut*
*Salatblätter und Limonenecken zum
Garnieren*

Marinade
*geriebene Schale und Saft von
2 Limonen*
*3 Huachinango-Chillies, entkernt und
in Ringen*
*2 Zitronellgrasstengel, ohne Außen-
blätter, geschnitten*
*5 cm großes Stück Ingwerwurzel,
geschält und gerieben*
2 zerdrückte Knoblauchzehen
I EL klarer erwärmter Honig
6 EL Olivenöl
I EL frisch gehackter Koriander

❧ Frische Garnelen werden geschält und der Darm entfernt. In eine flache Schale geben. Marinade zubereiten und über Garnelen gießen. Zugedeckt mindestens 4 Std. in der Marinade ziehen lassen, Garnelen gelegentlich wenden.
❧ Grill auf mittlere Temperatur vorheizen oder Holzkohlengrill 20 Min. vor dem Gebrauch anzünden.

❧ Vier lange zuvor in kaltem Wasser einge-weichte Holzspieße bereithalten. Garnelen aus der Marinade nehmen und etwas davon zurück-behalten. Garnelen auf die Spieße stecken und mit der Marinade bestreichen.
❧ 5 Min. im elektrischen Grill oder auf dem offenen Grill garen, mindestens einmal wenden. Mit Salatblättern und Limonenecken garnieren und servieren.

MUSCHELN IN HABANERO-MANGOSALSA

SCHÄRFEGRAD 8–9

Für 4 Personen

Salsa
*I kleine reife Mangofrucht, geschält,
entkernt und fein gehackt*
*3 Frühlingszwiebeln, geputzt und fein
gehackt*
*2 orange Habanero-Chillies, entkernt
und gehackt*
*5 cm großes Stück Gurke, entkernt und
in feinen Würfeln*
*2 Tomaten, geschält, entkernt und
fein gehackt*
I–2 TL brauner Zucker
2 EL frisch gehackter Kerbel

Muscheln
I2 große, frische gesäuberte Muscheln
50 g ungesalzene Butter
I EL Oliven- oder Sonnenblumenöl
*verschiedene bittere Salatblätter wie
Rauke, Winterendivie, Radicchio und
Chicorée*
eßbare Blumen zum Garnieren

❧ Alle Salsazutaten mischen, in eine Schüssel geben und zudecken. 15 Min. in den Kühl-schrank stellen, dann sofort verwenden.
❧ Muscheln in dicke Scheiben schneiden. Spülen und gründlich trocknen. Butter und Öl in einer Bratpfanne erhitzen. Wenn die Butter leicht brutzelt, Muscheln hineingeben und 2–3 Min. garen. Dann abtropfen lassen.

❧ Salatblätter auf einer Servierplatte oder in einer Schüssel anordnen und mit Muscheln belegen. Mit eßbaren Blumen garnieren und Salsa dazu servieren.

◄ *Gegrillte Königsgarnelen*

Geflügel

ENTE IN GRÜNER CHILISOSSE

Für 4 Personen

4 grüne Serrano-Chillies, entkernt und
   in Ringen
225 g Tomatillos oder grüne Tomaten,
   entkernt und gehackt
1 gehackte Zwiebel
2 zerdrückte Knoblauchzehen
geriebene Schale von ½ Zitrone, wenn
   grüne Tomaten verwendet werden
150 ml Hühnerbrühe
2 EL frisch gehackter Koriander
2 TL klarer Honig
Salz und Pfeffer
1 EL Pfeilwurz
1 EL Wasser
4 Stück Entenbrust
Salsa roja (Seite 46) zum Servieren
Korianderzweige zum Garnieren

Tomatillos haben ein kräftiges bitteres Aroma und eine papierartige Außenhülle. Beim Kochen verliert sich das Bittere, aber der zitronenähnliche Geschmack bleibt erhalten. Sie sind auch in Dosen zu haben.

➘ Grill auf mäßig hohe Temperatur vorheizen.
➘ Chillies, Tomatillos oder Tomaten, Zwiebel, Knoblauch und Zitronenschale je nach Bedarf in die Küchenmaschine geben und pürieren. Durch ein feines Sieb in einen Topf streichen, nach und nach mit Brühe aufgießen.
➘ Chilimischung 4 Min. unter gelegentlichem Rühren behutsam aufwärmen. Koriander, Honig und Gewürze unterrühren. Pfeilwurz mit Wasser zusammen in den Topf geben und unter ständigem Rühren kochen, bis die Soße eindickt und klar wird. Warmstellen.
➘ Entenbrust saubertupfen, überschüssiges Fett abschneiden und mit einer Gabel in die Haut stechen. Mit Salz und Pfeffer würzen.
➘ Entenbrust mit der Haut nach oben auf ein Grillblech legen und 25 Min. garen, mindestens einmal wenden.
➘ Zum Servieren etwas Chilisoße in jeden Teller geben und Entenbrust in Scheiben schneiden. Fächerförmig neben Salsa roja anordnen, zusätzliche Soße getrennt reichen. Mit Korianderzweigen garnieren.

CHILIHÜHNCHEN MIT PINIENKERNEN

Für 4 Personen

1 EL Sonnenblumenöl
1 EL Butter
4 Portionen Hühnchen
100 g magerer Speck, gewürfelt
1 Zwiebel in Scheiben
1 zerdrückte Knoblauchzehe
4 grüne Fresno-Chillies,
   entkernt und in Ringen
25 g Mehl
450 ml Hühnerbrühe
geriebene Schale von 1 Zitrone
Salz und Pfeffer
100 g Maiskörner
2 EL frisch gehackte Petersilie
3 EL geröstete Pinienkerne

➘ Backofen auf 190 °C, Gas auf Stufe 5 vorheizen.
➘ Öl und Butter in einer Bratpfanne erhitzen und Hühnchen und Speck auf allen Seiten anbraten. Abtropfen lassen und in eine große feuerfeste Form geben.
➘ Zwiebel, Knoblauch und Chilies in die Bratpfanne geben und 5 Min. behutsam weichdünsten. Mehl darüberstreuen und unter ständigem Rühren 2 Min. braten. Nach und nach mit Brühe aufgießen und aufkochen lassen. Zitronenschale dazugeben und mit Gewürzen abschmecken.
➘ Zwiebelmischung über Hühnchen gießen, Form zudecken und 40 Min. backen. Aus dem Backofen nehmen und Maiskörner dazugeben. Weitere 15 Min. kochen, bis Hühnchenportionen gar sind. Petersilie und Pinienkerne einrühren und servieren.

Ente in grüner Chilisoße ➤

Für 4 Personen

300 g Hühnerbrust ohne Knochen und
Haut

Marinade

2 fein gehackte Schalotten

1 zerdrückte Knoblauchzehe

4 rote thailändische Chillies, entkernt
und gehackt

5 cm großes Stück Ingwerwurzel,
geschält und gerieben

2 EL Sojasoße

2 TL klarer aufgewärmter Honig

2 EL Zitronensaft

gehackter Chili zum Garnieren

Nuoc Cham

1 roter thailändischer Chili, entkernt und
fein gehackt

1 EL Limonensaft

50 g thailändische Fischsoße

1 EL geröstete fein zerdrückte Erdnüsse

2 Frühlingszwiebeln, geputzt und in
feinen Stücken

HÜHNCHENSTREIFEN
MIT NUOC CHAM

Nuoc Cham ist eine traditionelle vietnamesi-sche Soße, die vielen Gerichten eine pikante Note verleiht. Man kann die Soße ebensogut zu Suppe und Reisgerichten geben oder zu Fisch- und Fleischgerichten reichen.

➘ Hühnerbrust in schmale, etwa 7,5 x 1,25 cm große Streifen schneiden und in eine flache Schale geben. Alle Marinadezutaten mischen und über die Hühnerstreifen gießen. Wenden, damit alles gut mit Marinade bedeckt ist. Schale zugedeckt mindestens 3 Std. in den Kühlschrank stellen, Hühnchen in der Marinade hin und wieder wenden.

➘ Grill auf mäßig hohe Temperatur erhitzen.

➘ Hühnchen abtropfen lassen und auf in kaltem Wasser eingeweichte Holzspieße stecken.

➘ Für die Nuoc-Cham-Soße alle Zutaten in einen kleinen Topf geben und gründlich erwärmen, gelegentlich umrühren. Beiseite stellen.

➘ Hühnerstreifen mit etwas Marinade bestreichen und 8–10 Min. unter dem Grill garen, gelegentlich mit der Marinade begießen und wenden. Mit gehacktem Chili garnieren und mit der Soße servieren.

TAMALE-PASTETE

SCHÄRFEGRAD 7

Für 6 Personen

3 EL Sonnenblumen- oder Olivenöl
25 g Mehl
5 getrocknete Ancho Chillies, geröstet und rehydriert (Seite 16)
1 zerdrückte Knoblauchzehe
3 gehackte Schalotten
2 EL Tomatenpüree
200 ml Hühnerbrühe
1 EL frisch gehackter Oregano
350 g gekochtes Hühnerfleisch in feinen Streifen
100 g Maiskörner
1 l Wasser
300 g Maismehl oder Polenta
2 TL Chilipulver
1–2 TL Salz
1 TL Pfeffer
2 EL Olivenöl
Salsa roja (Seite 46) und grüner Salat als Beilage

Tamale-Pastete ist eines der ältesten mexikanischen Gerichte, das noch aus aztekischer Zeit stammt und traditionell an Feiertagen und bei Festen auf den Tisch kommt. Es gleicht in etwa gefüllten Klößen, der Teig wird in Maisschalen gewickelt, gedämpft und mit einer Salsa oder einer Mole-Soße serviert.

Sonnenblumen- oder Olivenöl in einem Topf erhitzen, Mehl zugeben und unter häufigem Rühren 8–10 Min. bräunen, so daß die Mehlschwitze nicht anbrennt.

Rehydrierte Chillies hacken und mit Knoblauch, Schalotten, dem mit Brühe vermischten Tomatenmark und Oregano in die Mehlschwitze geben. Aufkochen lassen, dann bei schwacher Hitze 15 Min. köcheln lassen. Hühnchen und Maiskörner hineingeben, gut verrühren und zum Abkühlen auf die Seite stellen.

Wasser bis zum Siedepunkt erhitzen, vom Herd nehmen und nach und nach Maismehl oder Polenta, Chilipulver, Salz und Pfeffer einstreuen. Alles glatt verrühren, auf mittlere Hitze zurückstellen und 5–10 Min. unter gelegentlichem Rühren köcheln lassen.

Backofen auf 180 °C, Gas auf Stufe 4 vorheizen.

Die Hälfte vom Maismehl- oder Polentateig auf den Boden einer leicht eingeölten 20 cm großen, länglichen feuerfesten Form verteilen, darauf die abgekühlte Hühnermischung geben. Mit dem restlichen Teig abdecken. Mit 2 EL Olivenöl beträufeln. Etwa 1 Std. backen, bis alles goldbraun ist. In Stücke aufschneiden und mit Salsa roja und grünem Salat servieren.

TRUTHAHN AUF RÄUCHERCHILI-BARBECUESOSSE

SCHÄRFEGRAD 5

Für 4 Personen

120 ml weißer Weinessig
½ TL gemahlene Nelken
1 TL gemahlener Zimt
2 TL zerdrückte Wacholderbeeren
4 EL Oliven- oder Sonnenblumenöl
1 gehackte Zwiebel
3 zerdrückte Knoblauchzehen
100 g dunkelbrauner Zucker
6 geräucherte, getrocknete Chillies, z. B. Pailla de Oaxaco oder Chipotle grande, geröstet, rehydriert (Seite 16) und gehackt
2 EL Tomatenmark
150 ml Wasser
1 TL Worcestersauce
8 Truthahnoberschenkel
Salatblätter und Sternfrucht in Scheiben zum Garnieren
Reissalat als Beilage

Barbecuesoßen werden allgemein mit Cayenne- und anderem scharfen Chilipfeffer zubereitet. Die getrockneten Chillies verleihen dieser Soße einen abgerundeten, vollen Geschmack, den man mit frischen Chillies nie erreichen würde. Hat man jedoch keine getrockneten Chillies zur Hand, kann man auch Fresno-Chillies eine köstliche, appetitanregende Soße herstellen.

Essig mit Gewürzen in einen Topf geben und 3 Min. kochen, dann beiseite stellen.

Öl in einer Bratpfanne erhitzen und Zwiebel und Knoblauch 5 Min. weich dünsten. Zucker zugeben, 3 Min. dünsten. Essig, gehackte Chillies, Tomatenmark, Wasser und Worcestersauce einrühren. Etwa 30 Min. auf niedriger Stufe kochen, vor weiterer Verwendung leicht abkühlen lassen.

Truthahnoberschenkel in eine flache Schale geben, mit Soße übergießen. Schale zugedeckt mindestens 2 Std. in den Kühlschrank stellen, Truthahn wenigstens einmal in der Marinade wenden.

Grill auf mittlere Hitze vorheizen.

Truthahn abtropfen lassen und auf ein mit Folie belegtes Grillblech geben. Mit etwas Marinade bestreichen. 12–15 Min. unter dem Grill backen, hin und wieder mit der Marinade bestreichen und wenden, bis der Truthahn gar ist. Mit Sternfruchtscheiben und Salatblättern garnieren, mit Reissalat servieren.

Truthahn auf Räucherchili-Barbecuesoße ➤

REIS MIT HÜHNCHEN

Arroz con pollo

Für 4 Personen

3 EL Oliven- oder Sonnenblumenöl

4 halbierte Hühnchenportionen

1 gehackter Lauch

2 zerdrückte Knoblauchzehen

5 rote Anaheim-Chillies, entkernt und in Ringen

225 g Risottoreis

ein paar Safranfäden

600–900 ml Hühnerbrühe

Salz und Pfeffer

100 g geschälte rohe Garnelen

100 g Erbsen

100 g grüne Bohnen, geputzt und geschnitten

450 g frische noch geschlossene Muscheln, gebürstet, Byssusfäden entfernt, Zitronenecken und glatte Petersilie zum Garnieren

Gekochte Garnelen erst zugeben, wenn das Hühnchen gar ist, und 2–3 Min. mitwärmen.

⤴ Öl in einer Paella- oder großen Bratpfanne erhitzen und Hühnchen auf allen Seiten bräunen. Herausnehmen und auf Küchenpapier abtropfen lassen.

⤴ Zwiebel, Knoblauch und Chillies in die Pfanne geben und 5 Min. dünsten. Reis und Safran dazu, unter gelegentlichem Rühren weitere 3 Min. braten.

⤴ Hühnchen in die Pfanne zurückgeben und mit 450 ml Brühe aufgießen und würzen. Aufkochen, dann 20 Min. köcheln lassen, nach Bedarf Brühe nachgießen.

⤴ Garnelen, Gemüse, Muscheln in die Pfanne geben, eventuell noch Brühe, und weitere 8–10 Min. kochen, bis Reis und Hühnchen gar sind. Nicht geöffnete Muscheln fortwerfen. Abschmecken und mit Zitronenecken und Petersilie garniert servieren.

BRUTZELNDE HÜHNCHEN-FAJITAS

Für 4 Personen

2 EL Sonnenblumenöl

225 g Hühnerbrust ohne Knochen in feinen Streifen

1 Zwiebel in Ecken geschnitten

2 Knoblauchzehen

4 rote Fresno-Chillies, entkernt und in Ringen

1 roter Paprika, entkernt und in Streifen

1 grüner Paprika, entkernt und in Streifen

2 Zucchini, geputzt und in Streifen

8 aufgewärmte Weizentortillas

150 ml saure Sahne

Guacamole (Seite 29)

1 Bund Frühlingszwiebeln, geputzt und in Streifen

7,5 cm großes Stück Gurke, geputzt und in feinen Streifen

Es gibt fertige Fajitas-Marinaden, es lohnt sich aber, sie selbst herzustellen, denn dann läßt sich das Aroma mit Hilfe der verwendeten Zutaten variieren. Es gibt Fajitas mit Meeresfrüchten, Schweinefleisch oder nur Gemüse, mit Rindfleisch und Huhn. In warmen Tortillas, mit pikanten Salsas und saurer Sahne serviert, schmecken sie am besten.

⤴ Öl in einer schweren Pfanne erhitzen, Hühnchenstreifen bei großer Hitze unter ständigem Rühren 5 Min. garen. Abtropfen lassen und beiseite stellen.

⤴ Zwiebel, Knoblauch und Chillies ins Öl in die Pfanne geben und bei großer Hitze 2 Min. dünsten. Paprika und Zucchini zugeben und bei großer Hitze 4 Min. dünsten, bis das Gemüse an den Rändern leicht schwarz wird.

⤴ Hühnchen in die Pfanne zurückgeben und erhitzen. Sofort auftragen. Aufgewärmte Tortillas mit saurer Sahne und Guacamole bestreichen, etwas Hühnchen-Gemüsemischung, Frühlingszwiebeln und Gurke hineingeben. Aufrollen und essen.

◄ *Reis mit Hühnchen*

Für 4 Personen

3 getrocknete Ancho-Chillies

3 getrocknete Pasilla-Chillies

3 getrocknete Mulato Chillies

1 Zwiebel in Scheiben

2 zerdrückte Knoblauchzehen

25 g geröstete Sesamkörner

25 g geschälte Mandeln, in Scheibchen und geröstet

1 TL gemahlener Koriander

½ TL frisch gemahlener schwarzer Pfeffer

ein paar Nelken

3–4 EL Sonnenblumenöl

300 ml Hühnerbrühe

450 g Tomaten, geschält, entkernt und gehackt

2 TL gemahlener Zimt

50 g Rosinen

50 g geröstete Kürbiskerne

50 g dunkle geschmolzene Schokolade

1 EL roter Weinessig

8 Portionen Truthahnoberschenkel oder 4 Hühnerbrüstchen ohne Knochen

geröstete Sesamkörner und frische Kräuter zum Garnieren

TRUTHAHN IN SCHOKOLADENSOSSE

Mole Poblano

Vielen mag die Vorstellung, Schokolade in einem pikanten Gericht zu verwenden, eher eigenartig vorkommen, aber mexikanische Schokolade ist bitter und anders als unsere. Deshalb die dunkelste, ungesüßte Schokolade nehmen. Hühnchen ist in Mexiko etwas Alltägliches, Truthahn dagegen Feiertagen und besonderen Gelegenheiten vorbehalten. Sind keine getrockneten Chillies zur Hand, nimmt man das dunkelste Chilipulver.

Getrocknete Chillies rösten und rehydrieren, wie auf Seite 16 beschrieben. Mit Zwiebel, Knoblauch, Sesamkörnern, Mandeln, Koriander, schwarzem Pfeffer und Nelken in der Küchenmaschine oder mit Stößel und Mörser zerkleinern und zu einem Mus mahlen.

2 EL Öl in einer schweren Pfanne erhitzen und Mus unter häufigem Rühren 5 Min. behutsam braten.

150 ml Brühe, Tomaten, Zimt, Rosinen und Kürbiskerne hineingeben. Aufkochen lassen, Hitze reduzieren und 15 Min. köcheln lassen, bis die Flüssigkeit eingedickt ist. Geschmolzene Schokolade und Essig einrühren, gut vermischen, zugedeckt warmhalten.

Restliches Öl in einer Bratpfanne erhitzen und Truthahnoberschenkel oder Hühnerbrust auf allen Seiten anbraten. Öl abgießen und mit restlicher Brühe aufkochen, bei schwacher Hitze noch 15 Min. köcheln lassen, bis das Fleisch gar ist. Flüssigkeit abgießen.

Soße zu Truthahn oder Huhn geben und behutsam wieder erwärmen. Mit gerösteten Sesamkörnern und frischen Kräutern garnieren und servieren.

Truthahn in Schokoladensoße ➤

HÜHNERFLÜGEL VOM ROST

Für 4 Personen

12–16 Hühnerflügel

Salsa verde (Seite 47), gemischter grüner Salat und warmes Brot zum Servieren

Marinade

2 EL Sonnenblumenöl

2 EL weicher dunkelbrauner Zucker

2 EL Sojasoße

120 ml Apfelsinensaft

2 zerdrückte Knoblauchzehen

4 rote Jalapeño-Chillies, entkernt und in Ringen

↘ Hühnerflügel abtupfen und nach Bedarf beschneiden. In eine große, flache Schale geben.

↘ Alle Marinadezutaten zusammen in einen Topf geben und unter gelegentlichem Rühren erhitzen, bis sich der Zucker gelöst hat. 5 Min. kochen, dann leicht abkühlen lassen und über Hühnerflügel gießen. Flügel wenden, damit alle gut befeuchtet sind, Schale zugedeckt mindestens 3 Std. an einem kühlen Platz ziehen lassen. Flügel gelegentlich wenden oder mit Marinade begießen.

↘ Grill auf mäßig hohe Temperatur erhitzen oder Holzkohlengrill 20 Min. vorher anzünden.

↘ Hühnerflügel abtropfen lassen, etwas von der Marinade aufheben. Flügel auf 1 Std. zuvor in kaltem Wasser eingeweichte Holzspieße stecken. Auf ein mit Folie ausgelegtes Grillblech oder auf offenen Grill legen und mit Marinade bestreichen. 10–12 Min. grillen, gelegentlich wenden und mit Marinade bestreichen, bis die Flügel gar sind. Servieren und dazu Salsa verde, Salat und Brot reichen.

TRUTHAHN-TAMALES

Für 4 Personen

Tamales

8 getrocknete Maishüllblätter

200 g weißes Pflanzenfett oder Speck

450 g gesiebtes Maismehl (masa harina) oder Polenta

1 TL Backpulver

1 TL Salz

etwa 450 ml warme Hühnerbrühe

Füllung

2 EL Sonnenblumenöl

1 gehackte Zwiebel

3 zerdrückte Knoblauchzehen

5 rote De-agua-Chillies, entkernt und gehackt

1 kleiner roter Paprika, entkernt und gehackt

1 kleiner grüner Parika, entkernt und gehackt

2 EL Tomatenmark

2 EL Wasser

75 g Maiskörner

Salz und Pfeffer

2 EL gehackter Oregano

300 g gekochtes Truthahnfleisch in kleinen Stücken oder gehackt

Salsa verde (Seite 47) zum Servieren

frische Kräuter zum Garnieren

Masa harina ist Maismehl, aus dem man Tortillas herstellt. Dazu wird der Mais mehrere Stunden in Kalkwasser gekocht, abgegossen und getrocknet. Die Außenhaut entfernt man und mahlt die Körner zu Maismehl. Falls nicht erhältlich, statt dessen Polenta oder gelbes Maismehl verwenden.

↘ Maishüllblätter über Nacht in warmes Wasser legen.

↘ Fett weich rühren und mit trockenen Zutaten zusammen durch ein Sieb passieren. Nach und nach Mehl oder Polenta unter das Fett ziehen, jedesmal mit etwas Brühe aufgießen, bis ein fester, formbarer Teig entsteht. In den Kühlschrank stellen, während die Füllung zubereitet wird.

↘ Öl in einer Bratpfanne erhitzen und Zwiebel, Knoblauch und Chillies 5 Min. weich dünsten. Roten und grünen Paprika dazugeben,

und weitere 3 Min. dünsten. Tomatenmark mit Wasser vermischen und mit restlicher Hühnerbrühe in die Pfanne geben. Aufkochen und 5 Min. köcheln lassen. Mais, Gewürze, Oregano und Truthahn dazugeben und alles gründlich vermischen.

↘ Maishüllblätter (man kann auch Folie verwenden) abgießen und auf die Arbeitsfläche legen. Gekühlten Teig zu etwas kleineren Rechtecken als Maishüllblätter oder Folie formen und auf Hülle oder Folie legen. Darauf die Füllung verteilen und die Hüllen der Länge nach darüberfalten, so daß die Füllung eingeschlossen ist.

↘ In die obere Etage eines Dampfkochtopfs mit köchelndem Wasser legen. Zudecken und 1 Std. dämpfen, Wasser im Topf bei Bedarf nachfüllen. Mit frischen Kräutern garnieren und mit Salsa verde auftragen.

◀ *Hühnerflügel vom Rost*

VIETNAMESISCHES GRILLHÜHNCHEN

Für 4 Personen

6 getrocknete Ancho-Chillies, geröstet, rehydriert (Seite 16) und entkernt

2 Zitronellgras, ohne Außenblätter, Stengel gehackt

2 zerdrückte Knoblauchzehen

5 cm großes Stück Ingwerwurzel, geschält und gerieben

175 g gehackte Zwiebeln

1 EL dunkelbrauner Zucker

1 TL Kurkuma

2 EL Sonnenblumenöl

4 halbierte Portionen Hühnchen

glatte Petersilie, Zitronenecken und grüne Chillies in Ringen zum Garnieren

Getrocknete Chillies können auf Wunsch durch thailändische (Vogelaugen-) Chillies ersetzt werden. Je nachdem, wie scharf man es mag, statt der getrockneten Ancho-Chillies 1–3 thailändische (Vogelaugen-) Chillies verwenden.

❧ Chillies mit Zitronellgras, Knoblauch, Ingwer, Zwiebeln, Zucker und Kurkuma in der Küchenmaschine zu einem dicken, klumpigen Mus zerkleinern.

❧ Öl in einer Bratpfanne erhitzen und Mus unter ständigem Rühren 2 Min. dünsten. Vom Feuer nehmen, leicht abkühlen lassen und Hühnchenportionen damit bestreichen. Hühnchen zugedeckt an einem kühlen Platz mindestens 3 Std. ziehen lassen.

❧ Grill auf mäßig hohe Temperatur vorheizen.

❧ Hühnchen auf ein mit Folie belegtes Grillblech geben und 15 Min. grillen, bis es gar ist. Gelegentlich wenden. Mit glatter Petersilie, Zitronenecken und grünen Chiliringen garnieren und servieren.

ENTENBRUST MIT PIPIAN VERDE

Für 4 Personen

Pipián verde

50 g geröstete Kürbiskerne

2 EL Sonnenblumenöl

1 kleine gehackte Zwiebel

3–4 grüne Fresno-Chillies, entkernt und gehackt

2 gehackte Knoblauchzehen

150 ml Hühnerbrühe

1 EL frisch gehackter Koriander

¼ TL Salz

100 g frische Spinatblätter, geputzt und gehackt

4 Stück Entenbrust à 175 g

Diese Soße enthält Kürbiskerne, die zum Eindicken verwendet werden wie auch für zusätzlichen Geschmack. In Mexiko nimmt man außerdem Sesamkörner und Pinienkerne. Man kann geröstete Kürbiskerne auch zum Aperitif reichen.

❧ Ein paar Kürbiskerne zum Garnieren beiseite stellen, den Rest fein mahlen.

❧ Öl in einer Pfanne erhitzen und Zwiebel, Chillies und Knoblauch 3 Min. behutsam dünsten. Gemahlene Kürbiskerne, Koriander, Salz und Spinat in die Pfanne geben und weitere 3 Min. köcheln lassen. Vom Herd nehmen und warm stellen.

❧ Grill auf hohe Temperatur vorheizen.

❧ Mit einer Gabel die Haut der Entenbrust anstechen und die Ente mit der Haut nach oben auf ein mit Folie ausgelegtes Grillblech legen. Von beiden Seiten 2 Min. grillen, Grill auf mittlere Hitze reduzieren und Entenbrust mit der Haut nach oben noch 15–20 Min. grillen, mindestens einmal oder je nach Gutdünken wenden. Entenbrust mit restlichen Kürbiskernen bestreuen und mit Pipián verde servieren.

Vietnamesisches Grillhühnchen ➤

Für 4 Personen

1 x 1,75 kg schwere ofenfertige Ente
4 rote Serrano-Chillies, entkernt und fein
   gehackt
2 EL dunkelbrauner Zucker
1 TL Salz
1 TL gemahlener Zimt
½ TL gemahlene Nelken
abgeriebene Schale von 1 Limone
dünne Limonenstreifen und glatte
   Petersilie zum Garnieren

Salsa

225 g reife Tomaten, geschält, entkernt
   und fein gehackt
6 Frühlingszwiebeln, fein gehackt
1 halbierte Grenadille, entkernt (Frucht
   der Passionsblume)
2 rote Serrano-Chillies, entkernt und fein
   gehackt

Für 4 Personen

1,25 kg Hühnchen
2 Zwiebeln
1 grob gehackte Möhre
3 Lorbeerblätter
6 getrocknete Ancho-Chillies, geröstet,
   rehydriert (Seite 16) und entkernt
2 Knoblauchzehen
50 g geröstete Sesamkerne
½ TL gemahlener Zimt
½ TL gemahlene Nelken
1 EL Sonnenblumenöl
400 g gehackte Tomaten aus der Dose
1 EL Tomatenmark
1 EL frisch gehackter Oregano
Salat und warmes Brot als Beilage

GEBRATENE ENTE MIT CHILI

Ente innen und außen abtupfen, überschüssiges Fett aus dem Inneren entfernen. Mit einer Gabel mehrmals die Haut anstechen. Chillies, Zucker, Salz, Zimt, Nelken und abgeriebene Limonenschale mischen. Ins Innere der Ente 1 EL der Mischung geben, mit dem Rest von außen einreiben. Mindestens 4 Std. kühlgestellt ziehen lassen.

Backofen 15 Min. auf 200 °C, Gas auf Stufe 6 vorheizen.

Ente auf einem Rost in die Fettpfanne stellen. 1¾–2 Std. braten, bis sie gar ist.

Unterdessen Salsa zubereiten. Alle Zutaten mischen und mindestens 30 Min. ziehen lassen, damit sich das Aroma entfaltet. Gebackene Ente mit Limonenstreifen und glatter Petersilie garnieren und auftragen.

HÜHNCHEN IN ROTER CHILI-TOMATENSOSSE

Für mexikanische Gerichte nach Fleischtomaten Ausschau halten, denn sie kommen den mexikanischen am nächsten. Statt dessen können aber auch Tomaten aus der Dose verwendet werden, möglicherweise muß dann die Flüssigkeit im Rezept verringert werden.

Hühnchen spülen und mit einer Zwiebel, der Möhre und Lorbeerblättern in einen großen Topf geben. Mit kaltem Wasser aufsetzen und aufkochen. Schaum von der Oberfläche abschöpfen. Topf zudecken, noch 1½ Std. weich kochen.

Abkühlen lassen, gekochtes Hühnchenfleisch von den Knochen lösen, Haut entfernen und Fleisch in feine Streifen schneiden. 300 ml der Brühe aufheben.

Rehydrierte Chillies mit der zweiten (gehackten) Zwiebel, mit Knoblauch, Sesamkörnern und Gewürzen in der Küchenmaschine mit der Brühe zu einem glatten Mus verrühren.

Öl in einer Bratpfanne erhitzen und Mus 2 Min. behutsam dünsten. Gehackte Tomaten, Tomatenmark und restliche Brühe auffüllen. Aufkochen, dann 10 Min. schwach köcheln lassen.

Hühnchenfleisch dazugeben und weitere 10–15 Min. köcheln lassen, bis alles heiß ist. Mit gehacktem Oregano bestreuen, dazu Salat und warmes Brot reichen.

Gebratene Ente mit Chili ➤

Fleisch

CHILI CON CARNE

Für 4 Personen

1 EL Sonnenblumenöl

1 große gehackte Zwiebel

2 zerdrückte Knoblauchzehen

3 Rocotillo-Chillies, entkernt und in Ringen

350 g Rinderhack

1 grüner Paprika, entkernt und gehackt

1 TL Paprika

400 g gehackte Tomaten aus der Dose

150 ml Rinderbrühe

1 TL Zucker

Salz und Pfeffer

400 g Pinto- oder rote Kidney-Bohnen
  aus der Dose, abgetropft und gespült

2 TL roter Weinessig

1 EL frisch gehackter Oregano

frisch gekochter Reis und saure Sahne
  zum Servieren

Von diesem wohl bekanntesten mexikanischen Gericht, gibt es viele Varianten; manchmal reicht man dazu Frijoles refritos, ein anderes Mal Reis. Die saure Sahne rundet den feurigen Geschmack der Chillies etwas ab.

Öl in einer großen Pfanne erhitzen, Zwiebel, Knoblauch und Chillies 5 Min. weich dünsten. Rinderhack dazugeben und unter ständigem Rühren 5–8 Min. anbraten, bis es braun und krümelig ist.

Grünen Paprika dazugeben und 3 Min. braten, mit Paprikapulver bestreuen und 1 Min. weiterbraten; dann folgen gehackte Tomaten, Brühe und Zucker. Würzen und aufkochen. Bei schwacher Hitze 20 Min. köcheln lassen. Abgetropfte Bohnen und Essig zugeben und 10 Min. köcheln lassen, bis das Rinderhack gar ist. Oregano unterrühren; dazu Reis und saure Sahne reichen.

BIRIANI

Für 4 Personen

3 EL Sonnenblumenöl

1 gehackte Zwiebel

2 Knoblauchzehen, geschält und zerdrückt

2,5 cm großes Stück Ingwerwurzel, geschält und gerieben

3–4 rote Anaheim-Chillies, entkernt und in Ringen

6 grüne Kardamomschoten

1 TL gemahlener Koriander

1 TL gemahlener Kreuzkümmel

½ TL gemahlene Nelken

675 g Schmorsteak, geputzt u. gewürfelt

Saft von 1 Zitrone

2 EL Tomatenmark

3 EL Wasser

750 ml Rinderbrühe

150 ml Naturjoghurt

2 EL gemahlene Mandeln

175 g Basmatireis

ein paar Fäden Safran

1 hartgekochtes Ei, in Scheiben

1 EL gehackte Pistaziennüsse

Biriani ist eine Erfindung der Mogulköche, die für die indischen Herrscher kochten. Die klassische Methode sieht vor, Reis und Füllung halb gar zu kochen, dann in eine Form zu geben und fertig zu kochen. Ein nahrhaftes Gericht, das nicht nach weiteren Beilagen verlangt, außer vielleicht etwas Eingelegtem oder Chutneys.

Öl in einem großen Topf erhitzen und Zwiebel, Knoblauch, Ingwer und Chillies 5 Min. dünsten. Gewürze dazugeben, und weitere 3 Min. dünsten. Zwiebelmischung mit einem Sieblöffel aus dem Topf heben und beiseite stellen.

Halbe Rindfleischmenge in den Topf geben und unter häufigem Rühren 5 Min. anbraten. Abtropfen lassen und zur Seite stellen. Das gleiche mit übrigem Rindfleisch wiederholen. Dann Zwiebelmischung und angebratenes Rindfleisch wieder in den Topf zurückgeben.

Zitronensaft und mit Wasser vermischtes Tomatenmark zugeben und mit Brühe aufgießen. Aufkochen, Topf zudecken und bei schwacher Hitze 1 Std. unter gelegentlichem Rühren köcheln lassen. Joghurt und gemahlene Mandeln unterrühren.

Reis in leicht gesalzenem Wasser mit Safranfäden 10 Min. kochen. Abtropfen und beiseite stellen.

Backofen auf 180 °C, Gas auf Stufe 4 vorheizen.

Halbe Reismenge auf dem Boden einer feuerfesten Auflaufform verteilen und mit Fleischfüllung bedecken. Restlichen Reis darüber schichten und die Form mit einem Deckel oder einer Folie bedecken. Ca. 40 Min. backen, bis das Rindfleisch weich ist. Mit dem hartgekochten Ei und Pistazien garnieren und servieren.

EMPANADAS

Für 6 Personen

75 g Schweinehack

75 g Rinderhack

1 kleine fein gehackte Zwiebel

2 Scotch-bonnet-Chillies, entkernt und fein gehackt

½ kleiner roter Paprika, entkernt und fein gehackt

½ kleiner grüner Paprika, entkernt und fein gehackt

½ TL gemahlene Nelken

1 TL gemahlener Zimt

1 EL Tomatenmark

5 EL Wasser

1 TL klarer Honig

Saft von 1 Limone

675 g fertiger Mürbeteig

Öl zum Fritieren

rote oder grüne Chilisoße (Seite 47)

Empanadas sind kleine gefüllte Pasteten, die man entweder fritiert oder backt. Die Füllung kann süß oder pikant sein. In Mexiko werden sie an Ständen auf der Straße verkauft, dazu gibt es rote oder grüne Chilisoße.

Schweine- und Rinderhack in eine beschichtete Bratpfanne geben und bei leichter Hitze unter ständigem Rühren 8 Min. bräunen. Klumpen mit dem Löffel zerkleinern.

Mit Zwiebel und Chillies unter häufigem Rühren 5 Min. dünsten. Paprika und Gewürze dazugeben und weitere 3 Min. braten. Tomatenmark mit Wasser vermischen und zusammen mit Honig und Limonensaft in die Pfanne geben. Aufkochen, 15 Min. köcheln lassen, häufig umrühren, bis die Flüssigkeit fast verdampft ist. Abkühlen lassen.

Teig auf einer leicht mit Mehl bestäubten Fläche ausrollen und 12 Kreise ausschneiden. Füllung auf Teigkreise verteilen, Ränder mit Wasser bestreichen, Teig zusammenklappen und Ränder fest zusammendrücken.

Öl auf 180 °C erhitzen, Empanadas in mehreren Portionen 3 Min. goldbraun braten. Auf Küchenpapier abtropfen lassen und mit roter oder grüner Chilissoße servieren.

SÜSS-SAURES RINDERFONDUE

SCHÄRFEGRAD 5–6

Für 4 Personen

300 ml gute Rinderbrühe

4 Sternanis

ein paar Nelken

ein paar Pfefferkörner

5 cm großes Stück Ingwerwurzel,
  geschält und gehackt

I Zwiebel in Scheiben

I Knoblauchzehe in Scheiben

3 grüne thailändische Chillies, entkernt
  und in Ringen

3 EL roter Weinessig

I EL klarer Honig

350 g Rinderfilet, ohne Fett, in feinen
  Streifen

I roter Paprika, entkernt und in Streifen

I gelber Paprika, entkernt und in
  Streifen

2 Zucchini, geputzt und in Streifen

I frische Ananas, geschält, ohne
  Kerngehäuse und in kleine Stücke
  geschnitten

175 g Bohnensprossen

Soße

I EL Sojasoße

2 TL Fischsoße

I TL warmer klarer Honig

I roter thailändischer Chili, entkernt und
  in Ringen

Dieses Rezept geht auf das (Hammel- oder Rinder-) Ragout der Mongolen zurück, es ist ihre Version eines Käse- oder französischen Rinderfondue. Alles wird in der heißen Brühe gegart, die man am Ende der Mahlzeit trinkt, um den Gaumen zu neutralisieren.

Brühe mit Gewürzen, Ingwer, Zwiebel, Knoblauch und Chillies in einen Topf geben. Aufkochen und 10 Min. köcheln lassen, Essig und Honig dazugeben. In einen Fonduetopf gießen und auf ein Rechaud setzen.

Rindfleisch, Paprika, Zucchini und Ananasstücke auf einzelne Schüsseln verteilen.

Soßenzutaten verrühren und in kleine Schälchen geben.

Rindfleisch oder Gemüse aufspießen und je nach Belieben 1–2 Min. zum Garen in die heiße Brühe und danach in die Soße tauchen.

Sind Rindfleisch, Gemüse und Obst aufgegessen, Bohnensprossen in den Fonduetopf geben und 1–2 Min. aufwärmen. Auf Suppentassen verteilen und damit die Mahlzeit schließen.

Für 4 Personen

2 EL Sonnenblumen- oder Olivenöl

*4 je 150 g schwere magere Lamm-
steaks ohne Knochen*

1 Zwiebel in Scheiben

2 zerdrückte Knoblauchzehen

*3 grüne New-Mexico-Chillies, geschält,
entkernt und in Ringen*

1 TL gemahlener Kreuzkümmel

½ TL gemahlene Nelken

1 TL gemahlener Zimt

12 grüne Kardamomschoten

200 ml Wasser

300 ml Naturjoghurt

25 g gemahlene Mandeln

25 g geröstete Mandelsplitter

glatte Petersilie zum Garnieren

LAMM IN PIKANTER JOGHURTSOSSE

Öl in einer Bratpfanne erhitzen und Lamm auf beiden Seiten anbraten. Auf Küchenpapier abtropfen lassen, und auf die Seite stellen.

Zwiebel, Knoblauch und Chillies in die Pfanne geben und 5 Min. weich dünsten. Gewürze unterrühren und weitere 3 Min. braten. Mit Wasser auffüllen, aufkochen lassen. Hitze reduzieren und Lamm hineingeben, 10 Min. köcheln lassen.

Joghurt und gemahlene Mandeln in die Pfanne geben und weitere 15 Min. kochen, bis das Lamm gar ist. Häufig umrühren. (Wenn die Soße zu dick wird, etwas Wasser nachgießen.)

Lamm und Soße mit Mandelsplittern bestreuen und mit Petersilie garnieren.

Für 4 Personen

*450 g mageres Lammfleisch ohne
Knochen, zurechtgeschnitten*

150 ml Naturjoghurt

2 EL Tandooripaste

1 TL gemahlener Koriander

1 TL gemahlener Kreuzkümmel

1 TL Kurkuma

1 TL gemahlener Ingwer

3 zerdrückte Knoblauchzehen

geriebene Schale von 1 Zitrone

*6 grüne Serrano-Chillies, entkernt und
fein gehackt*

2 EL frisch gehackte Minze

8 Perlzwiebeln

*2 Zucchini, geputzt und in 4 cm große
Stücke geschnitten*

*2 rote Paprika, entkernt und in Ecken
geschnitten*

Zitronenecken zum Garnieren

LAMM-TIKKA

Eigentlich kocht man ein Tikka-Gericht in einem Tandoori-Ofen, wer darüber nicht verfügt, behilft sich mit Grillen oder Braten auf dem Rost, was beinahe genauso gut ist. Je länger das Fleisch in der Marinade liegt, um so stärker entfaltet sich das Aroma.

Lammfleisch in 4 cm große Würfel schneiden und in eine flache Schale geben. Joghurt in einer Schüssel mit Tandoori-Paste, Gewürzen, Knoblauch, Zitronenschale, Chili und 1 EL Minze mischen. Marinade über Lammfleisch gießen, zudecken und mindestens 4 Std. ziehen lassen, gelegentlich wenden.

Grill auf mäßig hohe Temperatur vorheizen.

Lammfleisch abwechselnd mit dem Gemüse auf Kebabspieße stecken und 10–15 Min., bei Bedarf auch länger, unter den Grill legen. Beim Grillen mit Marinade bestreichen. Mit der übrigen gehackten Minze bestreuen, mit Zitronenecken garnieren und servieren.

KASCHMIR-LAMM

Für 4 Personen

3 EL Sonnenblumenöl

1 große Zwiebel in Scheiben

2 Knoblauchzehen

*2–3 rote New-Mexico-Chillies, entkernt
und in Ringen*

*2,5 cm großes Stück Ingwerwurzel,
geschält und gerieben*

1 TL gemahlener Kreuzkümmel

1 TL Kurkuma

*1 TL „ratan dschot" oder wenige
Tropfen rote Speisefarbe*

450 g Lammfilet, ohne Fett, gewürfelt

*4 Tomaten, geschält, entkernt und
gehackt*

450 ml Lamm- oder Gemüsebrühe

25 g Pistazienkerne

50 g Cashewnüsse

25 g Sultaninen

1 EL frisch gehackter Koriander

frisch gekochter Reis zum Servieren

Gerichte aus Kaschmir haben meist eine rote Farbe, die von „ratan dschot" herrührt, einer roten Speisefarbe pflanzlichen Ursprungs. Speisen aus Kaschmir sind auch meist reichhaltig und sahnig, weil man häufig die in der Region wachsenden Nüsse verwendet.

↘ Öl in einem großen Topf erhitzen, Zwiebel, Knoblauch, Chillies und Ingwer 5 Min. dünsten. Gewürze dazugeben, und weitere 3 Min. dünsten, dann „ratan dschot" oder Speisefarbe unterrühren. Lammfleisch in zwei Portionen dazugeben und 5 Min. unter häufigem Rühren gut anbraten.

↘ Tomaten zugeben und mit Brühe aufgießen. Aufkochen. Zudecken, Hitze verringern und unter gelegentlichem Rühren 40 Min. köcheln lassen.

↘ Nüsse und Sultaninen hineingeben, weitere 15 Min. köcheln lassen, bis das Fleisch gar ist. Koriander unterrühren; dazu frisch gekochten Reis reichen.

SCHWEINEHACK-CHILIBÄLLCHEN

SCHÄRFEGRAD 6

Für 4 Personen

450 g mageres Schweinehack

3 Zitronellgras, Außenblätter entfernt, Stengel gehackt

1 EL rote Chilipaste (Seite 47)

Schale von 1 Limone

3 Tomaten, geschält, entkernt und fein gehackt

1 TL Kurkuma

2 TL Galgant, gehackt, oder geschälte und gehackte Ingwerwurzel

1 gehackte Knoblauchzehe

¼ TL Salz

Öl zum Fritieren

Limonenecken und Chiliblumen (Seite 11) zum Garnieren

Schweinehack, Zitronellgras, rote Chilipaste und Limonenschale in eine Schüssel geben. Tomaten, Kurkuma, Galgant oder Ingwer, Knoblauch und Salz unterrühren, alles gut mischen.

Mit leicht befeuchteten Händen ungefähr aprikosengroße Bällchen aus der Schweinehackmischung formen. Mindestens 30 Min. zugedeckt in den Kühlschrank stellen.

Öl auf 180 °C erhitzen und Bällchen portionsweise 5–6 Min. goldbraun braten. Auf Küchenpapier abtropfen lassen. Mit Limonenecken und Chiliblumen garniert auftragen.

PIKANT-SCHARFE SPARE RIBS VOM ROST

SCHÄRFEGRAD 6

Für 4 Personen

675 g chinesische Spare Ribs

Marinade

4 Hontaka- oder rote thailändische Chillies, entkernt und gehackt

300 ml Hühnerbrühe

Saft von 2 Limonen

1 EL Sojasoße

1 EL Hoisinsauce

1 EL Muscovado-Zucker

2 EL Tomatenmark

2 TL Worcestersauce

1 TL gemahlener Zimt

½ TL gemahlene Nelken

6 Frühlingszwiebeln, gehackt

Als kleine Geste stellt man zu diesem Gericht Schüsselchen mit warmem Wasser mit einem Stück Zitrone und Papiertücher bereit, damit sich die Gäste nach dem Essen die Finger reinigen können.

Spare Ribs in einzelnen Rippen in eine flache Schale geben. Alle Marinadezutaten außer Frühlingszwiebeln in einem Topf vermischen und aufkochen. 2 Min. köcheln lassen, abkühlen, dann die Frühlingszwiebeln dazugeben.

Marinade über die Rippchen gießen und wenden, damit alle gut befeuchtet sind. Zugedeckt mindestens 4 Std. im Kühlschrank ziehen lassen, gelegentlich wenden und mit der Marinade begießen.

Backofen auf 190 °C, Gas auf Stufe 5 vorheizen.

Rippchen abtropfen lassen und auf einen Rost in die Fettpfanne stellen, etwas Wasser einfüllen. Rippchen beim Braten mit der Marinade bestreichen und gelegentlich wenden. 1–1¼ Std. braten, hin und wieder begießen.

Schweinehack-Chilibällchen ➤

Für 4 Personen

3 rote Poblano-Chillies

1 Knoblauchzehe

4 EL Oliven- oder Sonnenblumenöl

2 EL Apfelsinensaft

2 TL warmer klarer Honig

4 Scheiben Vorderschinken ohne Fett

25 g Butter

150 ml trockener Weißwein

150 ml Hühner- oder Gemüsebrühe

7,5 cm großes Stück Gurke, geschält, in Juliennestreifen geschnitten

1 EL Maismehl

1 EL Wasser

Apfelsinenecken und frische Kräuter zum Garnieren

GESCHMORTER SCHINKEN IN CHILISOSSE

Grill vorheizen.

Chillies auf ein Grillblech geben und etwa 10 Min. grillen, bis die Haut Blasen wirft und anbrennt. 10 Min. in eine Kunststofftüte geben, enthäuten und Samen fortwerfen.

Chillies mit Knoblauch, Öl, Apfelsinensaft und Honig in der Küchenmaschine glattrühren und beide Seiten des Vorderschinkens damit bestreichen. An einem kühlen Ort mindestens 30 Min. ziehen lassen.

Butter in einer großen Bratpfanne erhitzen und Schinkenscheiben auf beiden Seiten kurz anbraten. Restliche Chilimarinade, Wein und Brühe dazugeben. Aufkochen, Hitze verringern und 5–8 Min. köcheln lassen, bis die Scheiben gar sind. Abtropfen lassen und auf vorgewärmte Teller geben.

Gurke zusammen mit dem mit Wasser vermischten Maismehl in die Pfanne geben. 2 Min. unter gelegentlichem Rühren kochen, bis die Soße eingedickt ist. Über den Schinken gießen und mit Apfelsinenecken und frischen Kräutern garnieren.

CHILI-BURGER VOM RIND

Für 4 Personen

50 g frisches Weißbrot mit abgeschnit-
    tener Kruste

4 EL Milch

675 g Rump- oder Kammsteak, ohne
    Fett und durchpassiert

6 Frühlingszwiebeln, fein gehackt

4 rote Anaheim-Chillies, entkernt und
    fein gehackt

1 EL frisch gehackter Oregano

Salz und Pfeffer

2 EL Sonnenblumenöl

2 Zwiebeln in Scheiben

4 Hamburgerbrötchen

Chilimayonnaise (Seite 44)

½ kleiner Eisbergsalat, zerpflückt

2 große Tomaten in Scheiben

Chili-Paprikasoße (Seite 47)

Brot 10 Min. in Milch weichen, abtropfen lassen, überschüssige Flüssigkeit ausdrücken. Beiseite stellen.

Rinderhack mit eingeweichtem Brot, Frühlingszwiebeln, 3 Chillies, Oregano und Gewürzen mischen, gut verkneten. Hände leicht befeuchten und den Teig zu vier großen Fleischklößen formen.

Öl in einer Bratpfanne erhitzen und Zwiebeln und übrigen Chili 5–8 Min. weich dünsten. Auf Küchenpapier abtropfen lassen und warm stellen.

Grill auf mäßig hohe Temperatur vorheizen. Fleischklöße 10 Min. oder nach Geschmack grillen, mindestens einmal wenden.

Brötchen aufschneiden und leicht toasten. Untere Hälfte mit Chilimayonnaise bestreichen, darüber Salatblätter verteilen. Gegrillte Burger auf Salat geben, darauf gebratene Zwiebeln und Chillies, Tomatenscheiben und Chili-Paprikasoße häufen. Mit oberer Brötchenhälfte zudecken und sofort servieren.

RINDER-RENDANG

Für 4 Personen

4 getrocknete Chipotle-Chillies, geröstet,
    rehydriert (Seite 16) und gehackt

2 gehackte Schalotten

1 zerdrückte Knoblauchzehe

2 EL Sonnenblumenöl

675 g Schmorsteak, ohne Fett,
    gewürfelt

1 TL Kurkuma

600 ml Kokosmilch

2 Limonenblätter

Saft von 2 Limonen

Salz und Pfeffer

50 g Kokoscreme

frisch gekochter Reis zum Servieren

Die getrockneten Chillies können durch 3–4 rote Fresno-Chillies oder 1–2 thailändische (Vogelaugen-) Chillies ersetzt werden. Hat man lieber eine dickere Soße, 1–1½ EL Mehl zusammen mit dem Kurkuma dazugeben. Wenn die Soße zu stark eindickt, etwas Kokosmilch oder Brühe zusätzlich hineingeben.

Aus Chillies, Schalotten und Knoblauch ein Mus anfertigen und beiseite stellen.

Öl in einem großen Topf erhitzen und Rind portionsweise 5 Min. anbraten. Mit Sieblöffel aus dem Topf heben und beiseite stellen.

Mus in das im Topf verbliebene Öl geben und 5 Min. behutsam anbraten. Rind und Kurkuma zufügen und unter ständigem Rühren 2 Min. braten.

Mit Kokosmilch aufgießen, Limonenblätter und Saft hineingeben und würzen. Aufkochen, Topf zudecken und Hitze verringern. 1½ Std. köcheln lassen, bis das Fleisch weich ist.

Nach und nach Kokoscreme unter Rühren in den Topf geben. 5 Min. gut durchwärmen und mit frisch gekochtem Reis servieren.

RINDER-FAJITAS

Für 4 Personen

300 ml Rotwein

1 EL Worcestersauce

5 EL Sonnenblumenöl

4 rote Scotch-bonnet-Chillies, entkernt und in Ringen

1 EL grob gehackter frischer Oregano

225 g Rumpsteak, ohne Fett, in feinen Streifen

1 rote Zwiebel, in feine Ecken geschnitten

1 kleiner roter Paprika, entkernt und in feinen Streifen

1 kleiner gelber Paprika, entkernt und in feinen Streifen

1 Zucchino, geputzt und in feinen Streifen

8–12 leicht aufgewärmte Weizentortillas, saure Sahne, Salsa verde (Seite 47), Guacamole (Seite 29) zum Servieren

Für Fajitas wird meist Fleisch von geringerer Qualität verwendet. Es wird gegen die Faser geschnitten und mariniert und bei starker Hitze auf dem Rost gebraten. Sie sollten sofort serviert werden, deshalb nennt man sie in Restaurants auch brutzelndes Rind. Im folgenden Rezept wird ein besseres Stück Fleisch verwendet, das man aber auch durch Kamm oder Kutteln ersetzen kann.

↳ Wein, Worcestersauce, 3 EL Öl, 2 Chillies und Oregano mischen. Rindfleisch in eine flache Schale geben, mit Weinmarinade übergießen. Zugedeckt mindestens 1 Std. ziehen lassen. Abgießen, Marinade aufheben.

↳ Restliches Öl in einem Wok oder großen Topf erhitzen und übrige Chillies und Gemüse schnell 3–4 Min. dünsten, bis alles knusprig und an den Rändern leicht schwarz ist. Aus dem Topf nehmen und beiseite stellen.

↳ Rind portionsweise 2–3 Min. im restlichen Öl im Topf braun anbraten und auf Küchenpapier abtropfen lassen. Sobald das gesamte Fleisch gebräunt ist, Gemüse und 3–4 EL der Marinade in den Topf zurückgeben und unter häufigem Rühren bei starker Hitze wieder aufwärmen.

↳ Zum Servieren die aufgewärmten Tortillas mit saurer Sahne bestreichen, mit etwas Rindfleischmischung und einem Löffel Salsa verde belegen. Aufrollen und mit einer Extraportion Salsa verde und Guacamole reichen.

SCHARFE SZETSCHUAN-PFANNE

Für 4 Personen

2 EL Sonnenblumen- oder Erdnußöl

2,5 cm großes Stück Ingwerwurzel, geschält und gerieben

2–3 Hontaka- oder rote thailändische Chillies, entkernt und gehackt

350 g Schweinefilet, ohne Fett, in feinen Streifen

1 roter Paprika, entkernt und in Streifen

1 gelber Paprika, entkernt und in Streifen

6 Frühlingszwiebeln, schräg in Streifen geschnitten

1 EL Tomatenmark

1 EL Wasser

2 TL Sojasoße

1 TL klarer Honig

1 TL Sesamöl

Frühlingszwiebeln und glatte Petersilie zum Garnieren

Im Westen erfreut sich die Küche von Szetschuan zunehmender Beliebtheit, von jedem Gericht gibt es viele verschiedene Varianten. Einige sind etwas zu süß, aber fast alle sparen nicht mit Chili.

↳ Öl in einem Wok oder großen Topf erhitzen, und Ingwer und Chillies 2 Min. unter Rühren dünsten. Schweinefilets zugeben und weitere 4–5 Min. unter Rühren anbraten. Dann Paprika 2 Min. mitbraten.

↳ Frühlingszwiebeln in den Topf geben, weitere 30 Sek. unter Rühren braten. Mit Wasser vermischtes Tomatenmark, Sojasoße und Honig hineingeben. 1 Min. unter Rühren braten, Sesamöl unterrühren. Mit Frühlingszwiebeln und glatter Petersilie garnieren und sofort servieren.

Rinder-Fajitas ➤

Kapitel 8

Vegetarisches

Für 4 Personen

8 fertige Weizentortillas

Soße

2 TL Sonnenblumenöl

1 kleine gehackte Zwiebel

2 rote Jalapeño-Chillies, entkernt und gehackt

400 g gehackte Tomaten aus der Dose

Füllung

½ kleiner Eisbergsalat, zerpflückt

225 g Frijoles refritos (Seite 28)

50 g geriebener Hartkäse, z. B. Greyerzer oder Emmentaler

4 Frühlingszwiebeln, geputzt und gehackt

2 rote Jalapeño-Chillies, entkernt und gehackt

saure Sahne und Limonenecken zum Servieren

Für 5 Personen

1 EL Sonnenblumenöl

2 Zwiebeln in Scheiben

2 zerdrückte Knoblauchzehen

4 Rocotillo-Chillies, entkernt und gehackt

1 TL Kurkuma

175 g grüne Linsen

600 ml Wasser

Salz und Pfeffer

1 roter Paprika, entkernt, gehackt und abgebrüht

leicht gebratene Zwiebeln und frisch gehackte Petersilie zum Garnieren

CHALUPAS

Tortillas

Tortillas sind die Grundlage vieler mexikanischer Gerichte wie Enchiladas, Burritos und Empanadas. Sie werden mit einer Vielfalt pikanter Mischungen gefüllt, und man reicht sie fast immer mit gebackenen Bohnen als Beilage. Hier werden sie knusprig als Tacohüllen serviert.

Öl in einer kleinen Pfanne erhitzen, Zwiebel und Chillies behutsam 5 Min. dünsten. Gehackte Tomaten dazugeben und aufkochen. 15 Min. schwach köcheln lassen. Leicht abkühlen lassen, dann durch ein Sieb streichen, so daß ein glatter Brei entsteht. Zugedeckt warm stellen.

Tortillas leicht aufwärmen, indem sie etwa 30 Sek. in eine beschichtete Pfanne gelegt werden. Ränder leicht befeuchten und die Seiten zu einer bootähnlichen Form zusammendrücken.

Salatblätter in die Tortillas füllen, darauf gebackene Bohnen und einen Löffel der zubereiteten Soße geben. Käse auf die Tortillas verteilen und mit Schalotten und gehackten Chillies bestreuen. Mit saurer Sahne und Limonenecken reichen.

CHILI-PAPRIKA-DAL

Dal oder Dhal ist eine tradionelle indische Beilage oder ein Imbiß aus grünen oder roten Linsen mit verschiedenen Gewürzen. Manchmal wird das Gericht als Rissoles serviert.

Öl erhitzen, Zwiebel, Knoblauch und Chillies 5 Min. dünsten. Kurkuma unterrühren und eine weitere Min. dünsten.

Linsen spülen und mit Wasser und Gewürzen in den Topf geben, aufkochen, dann zugedeckt bei schwacher Hitze 35 Min. garen. (Möglicherweise muß etwas Wasser nachgegossen werden.)

Gehackten, abgebrühten roten Paprika während der letzten 10 Min. unterrühren. Abschmecken, mit gebratenen Zwiebeln und Petersilie bestreuen und servieren.

Chalupas ➤

Für 4 Personen

2 EL Olivenöl

1 große gehackte Zwiebel

1 kleiner Fenchel, geputzt und gehackt

2 zerdrückte Knoblauchzehen

4 rote De-agua-Chillies, entkernt und in Ringen

8 getrocknete Tomaten

450–600 ml Gemüsebrühe

225 g geriebene Möhren

100 g Austernpilze, abgetupft und in Scheiben

2 EL Tomatenmark

1 TL Zucker

Salz und Pfeffer

2 rote Paprika, entkernt, abgebrüht, in kleinen Streifen

2 EL frisch gehacktes Basilikum

300–350 g frische Nudeln wie Tagliatelle oder Rigatoni

Parmesankäse, möglichst frisch gerieben

frisch gehacktes Basilikum zum Garnieren

NUDELN IN PIKANTER TOMATENSOSSE

Öl in einem Topf erhitzen und Zwiebel, Fenchel, Knoblauch, Chillies und getrocknete Tomaten behutsam 3 Min. dünsten. Mit 150 ml Brühe aufgießen, 5–8 Min. köcheln lassen.

In der Küchenmaschine pürieren; wenn nötig, Brühe dazugeben. In den Topf zurückgeben und mit der restlichen Brühe aufgießen, 4 EL davon zurückbehalten.

Möhren, Pilze, mit 4 EL Brühe vermischtes Tomatenmark und Zucker zugeben, würzen. Kurz aufkochen und 15–20 Min. behutsam köcheln lassen, bis die Flüssigkeit eingedickt ist. Paprika und gehacktes Basilikum dazugeben, weitere 3–4 Min. kochen.

Unterdessen Nudeln in kochendem Salzwasser 4–6 Min. „al dente" kochen. Abgießen und in den Topf zurückgeben. Tomatensoße darübergießen, alles gut durchrühren. 2–3 Min. unter häufigem Rühren aufwärmen. Mit frisch gehacktem Basilikum garnieren, mit Parmesan bestreuen und servieren.

PIKANTE GEMÜSE-TACOS

Taco ist die traditionelle Bezeichnung für eine Tortilla mit Füllung, die aus der Hand gegessen wird. Man erwärmt die Tortilla, damit sie sich falten läßt. Heute ist es allgemein üblich, fertige Tacohüllen zu kaufen. Nicht vergessen, sie zuerst aufzuwärmen.

Backofen auf 180 °C, Gas auf Stufe 4 erhitzen. Tacohüllen mit der Öffnung nach unten auf ein Backblech legen und 2–3 Min. aufwärmen. Beiseite legen.

Öl in einer Pfanne erhitzen und Zwiebel und Chillies 5 Min. dünsten. Orangefarbenen Paprika und Zucchino dazugeben und weitere 3 Min. dünsten. Bohnen und Tomaten zugeben und unter häufigem Rühren 8 Min. kochen, bis die Mischung dicklich ist.

Salatblätter in die erwärmten Tacohüllen füllen, darauf Chili-Bohnenmischung geben. Zum Schluß mit einer Scheibe Avocado belegen und mit geriebenem Käse bestreuen. Sofort mit Chilimayonnaise, saurer Sahne und Chillies aus der Dose servieren.

Für 4 Personen

8 fertige Tacohüllen

1 EL Sonnenblumenöl

1 Zwiebel in dicken Scheiben

4 rote De-agua-Chillies, entkernt und in Ringen

1 orangefarbener Paprika, entkernt und in dicken Streifen

1 großer Zucchino, geputzt und in Streifen

200 g Pinto-Bohnen aus der Dose, abgetropft und gespült

200 g gehackte Tomaten aus der Dose

½ kleiner Eisbergsalat, zerpflückt

2 reife Avocados, geschält, in Scheiben und in 3 EL Zitronensaft gewälzt

175 g geriebener Greyerzer oder Emmentaler, Chilimayonnaise (Seite 44), 6 EL saure Sahne und eingelegte Chillies zum Servieren

Nudeln in pikanter Tomatensoße ➤

Für 4 Personen

175 g fertige trockene Nudeln

2 EL Sonnenblumenöl

*2 Zitronellgrasstengel, ohne Außen-
blätter, gehackt*

*2,5 cm großes Stück Ingwerwurzel,
geschält und gerieben*

1 rote Zwiebel, in feine Ecken geschnitten

2 zerdrückte Knoblauchzehen

*4 rote thailändische Chillies, entkernt
und in Ringen*

*1 roter Paprika, entkernt und streich-
holzdünn geschnitten*

*100 g Möhren, mit Gemüseschäler in
sehr feine Streifen geschnitten*

*100 g Zucchini, geputzt und mit einem
Gemüseschäler in Streifen geschnitten*

*75 g zarte, fadenlose grüne Bohnen,
schräg halbiert*

*6 Frühlingszwiebeln, schräg in Scheiben
geschnitten*

100 g Cashewnüsse

2 EL Sojasoße

Saft von 1 Apfelsine

1 TL klarer Honig

1 EL Sesamöl

GEBRATENE THAILÄNDISCHE NUDELN MIT CHILLIES UND GEMÜSE

*Reis oder Nudeln, entweder gekocht oder
gebraten, bilden die Grundlage der meisten
Gerichte in Thailand. Außerdem sind diese
Gerichte oft durchdringend scharf und doch
leicht duftend. Das geht vor allem auf das
Zitronellgras zurück, eine Zutat in vielen
Gerichten.*

Nudeln 3 Min. in leicht gesalzenem,
kochendem Wasser garen. Abgießen, mit kaltem
Wasser abschrecken und beiseite stellen.

Öl in einem Wok oder großen Topf erhitzen
und Zitronellgras und Ingwer 2 Min. unter
Rühren braten. Zitronellgras und Ingwer aus
dem Bratfett nehmen, wegwerfen.

Zwiebel, Knoblauch und Chillies in die
Pfanne geben und unter Rühren 2 Min. braten.
Roten Paprika zugeben und weitere 2 Min. braten. Restliches Gemüse 2 Min. unter Rühren
mitbraten. Nudeln und Cashewnüsse mit Sojasoße, Apfelsinensaft und Honig hineingeben,
noch 1 Min. unter Rühren braten. Sesamöl dazugeben, 30 Sek. unter Rühren braten. Sofort
servieren.

OKRA-BOHNENCURRY

Öl in einem Topf erhitzen und Zwiebel,
Knoblauch und Chillies 5 Min. dünsten. Gewürze zugeben und weitere 3 Min. erhitzen,
dann Brühe zugießen und aufkochen. Topf
zudecken und alles bei geringer Hitze 10 Min.
köcheln lassen.

Mit der Gabel Okras wiederholt anstechen,
dann mit Bohnen in den Topf geben. 8–10 Min.
leicht kochen, Joghurt und Koriander unterrühren, nach einer Minute mit Mandeln bestreut
servieren.

Für 4 Personen

2 EL Sonnenblumenöl

1 große Zwiebel in Scheiben

2 zerdrückte Knoblauchzehen

*4 Kenia- oder grüne Fresno-Chillies,
entkernt und in Ringen*

1 TL gemahlener Koriander

1 TL gemahlener Kreuzkümmel

5 gemahlene Nelken

8 grüne Kardamomschoten

1 TL Kurkuma

1 TL griechische Heukörner, zerdrückt

450 ml Gemüsebrühe

450 g Okras, geputzt

*400 g Pinto- oder Kidney-Bohnen aus
der Dose, abgetropft und gespült*

4 EL Naturjoghurt

2 EL frisch gehackter Koriander

25 g geröstete Mandelsplitter

◄ *Gebratene thailändische Nudeln mit
Chillies und Gemüse*

SCHÄRFEGRAD 2–3

Für 4 Personen

8 rote Poblano- oder rote New-Mexico-
Chillies

25 g Butter

225 g reife Tomaten, geschält, entkernt
und in Scheiben

Saft von 2 Limonen

2 feste, fast reife Avodacos, geschält,
entkernt

Salatblätter zum Servieren

Soße

50 g Pekan- oder Walnüsse

25 g geschälte Mandeln

150 g Crème fraîche

1 TL klarer Honig

2 EL geriebener Parmesankäse

CHILLIES IN NUSS-SOSSE

Chiles en nogado

Dieses Gericht hat traditionell die Farben der mexikanischen Flagge Grün, Weiß und Rot. Für die Soße eignen sich grüne Walnüsse am besten, die aber durch reife Nüsse ersetzt werden können.

Nüsse für die Soße in der Küchenmaschine fein zermahlen. Mit Crème fraîche und Honig in eine kleine Pfanne geben und Käse unterrühren. Unter häufigem Rühren gut erhitzen.

Grill vorheizen.

Chillies auf ein Grillblech geben und 10 Min. grillen, bis die Haut Blasen wirft und schwarz wird. Aus dem Grill nehmen und 10 Min. in eine Kunststofftüte geben, anschließend enthäuten und Samen und Trennwände entfernen. In Streifen schneiden.

Butter in einer Pfanne erhitzen, Chillies 5 Min. dünsten. Gehackte Tomaten und Limonensaft dazugeben, und weitere 3 Min. dünsten. In Scheiben geschnittene Avocados in die Pfanne geben und unter gelegentlichem Rühren 5 Min. erwärmen.

Auf Salatblättern anrichten, mit Nußsoße begießen und servieren.

SCHÄRFEGRAD 5

Für 4 Personen

2 EL Sonnenblumenöl

1 große Zwiebel in feinen Scheiben

2 zerdrückte Knoblauchzehen

4 grüne De-agua-Chillies, entkernt und
in Ringen

350 g reife Tomaten, geschält, entkernt
und gehackt

1 EL Tomatenmark

1 EL Wasser

2 Zucchini, streichholzdünn
geschnitten

175 g geriebener Käse wie Emmentaler

6 Frühlingszwiebeln, geputzt und
gehackt

8 Weizentortillas

frische Kräuter zum Garnieren

Paprikasoße (Seite 47) zum Servieren

VEGETARISCHE ENCHILADAS

Bei mexikanischer Küche denkt man meist an kleine Snacks wie Tacos oder Enchiladas, die in Mexiko antojitos heißen, das bedeutet kleine Laune, Grille. Das sind fast immer Tortillas in unterschiedlicher Zubereitung, die man überall und zu jeder Zeit in Cafés, auf dem Markt und am Straßenrand kaufen kann, wo man sie gleich verzehrt.

Backofen auf 200 °C, Gas auf Stufe 6 vorheizen.

Öl in einer Bratpfanne erhitzen und Zwiebel, Knoblauch und Chillies behutsam 5 Min. dünsten. Tomaten und mit Wasser verrührtes Tomatenmark zugeben und aufkochen, dann zugedeckt bei schwacher Hitze 15 Min. köcheln lassen. Zucchini, 100 g Käse und Frühlingszwiebeln hineingeben, gut verrühren.

Füllung auf Tortillas verteilen und Tortillas in Viertel falten. In eine flache, feuerfeste Form geben und mit restlichem Käse bestreuen. 15 Min. backen, bis der Käse Blasen wirft. Mit Kräutern garnieren und sofort mit Paprikasoße reichen.

Vegetarische Enchiladas ➤

GESCHMORTE OKRAS MIT CHILLIES

SCHÄRFEGRAD 5

Für 4 Personen

450 g Okras

2 EL Sonnenblumenöl

1 große Zwiebel in feinen Scheiben

4 grüne Anaheim-Chillies, entkernt und in Ringen

1 grüner Paprika, entkernt und in Ringen

175 g Tomaten, geschält, entkernt und gehackt

Salz und Pfeffer

3 EL Wasser

Naturjoghurt zum Servieren

Okras putzen und mehrmals mit einer Gabel anstechen.

Öl in einer Pfanne erhitzen und Zwiebel und Chillies 5 Min. weich dünsten. Grünen Paprika dazugeben, weitere 2 Min. mitdünsten.

Gehackte Tomaten, Okras und Wasser unterrühren, würzen und aufkochen. Bei schwacher Hitze zugedeckt 8 Min. köcheln lassen, bis Okras weich sind. Sofort mit einem Schlag Joghurt servieren.

Geschmorte Okras mit Chillies ➤

WÜRZIGE PAPRIKAPIZZA

SCHÄRFEGRAD 5–6

Für 4 Personen

1 EL Sonnenblumenöl

1 gehackte Zwiebel

2 zerdrückte Knoblauchzehen

5 rote Jalapeño-Chillies, entkernt und in feinen Ringen

400 g gehackte Tomaten aus der Dose

2 EL Tomatenmark

2 EL frisch gehackter Oregano

2 TL gemahlener Kreuzkümmel

2 fertige, 20 cm große Pizzaböden

2 rote Paprika, enthäutet und entkernt

2 grüne Paprika, enthäutet und entkernt

2 gelbe Paprika, enthäutet und entkernt

175 g gehackter Mozzarellakäse

50 g entkernte schwarze Oliven

Backofen auf 200 °C, Gas auf Stufe 6 vorheizen. Zwei Backbleche leicht ölen.

Öl in einer Pfanne erhitzen und Zwiebel, Knoblauch und Chillies 5 Min. dünsten. Gehackte Tomaten, Tomatenmark, Oregano und Kreuzkümmel dazugeben und aufkochen. Bei mäßiger Hitze 10–15 Min. köcheln lassen, bis die Soße eingedickt ist.

Soße auf Pizzaböden verteilen. Paprika in Ringe schneiden, Boden damit belegen, mit Käse bestreuen und darüber Oliven verteilen. 25 Min. backen, bis der Käse geschmolzen ist.

Für 4 Personen

Soße

225 g grüne Tomaten, geschält, entkernt und gehackt

3 fein gehackte Schalotten

2–3 zerdrückte Knoblauchzehen

3 grüne Jalapeño-Chillies, entkernt und
gehackt

150 ml Gemüsebrühe

1 TL klarer Honig

2 TL Pfeilwurz

1 EL Wasser

grüner Chili in Ringen zum Garnieren

Taschen

225 g geriebener Greyerzer oder Emmentaler

6 Frühlingszwiebeln, geputzt und
gehackt

50 g geröstete Pinienkerne

6 getrocknete Chipotle-Chillies, geröstet
und rehydriert (Seite 16)

25 g Butter

225 g Pilze, abgetupft, in Scheiben

8 fertige Weizentortillas

1 kleines geschlagenes Ei

Öl zum Fritieren

Salatblätter zum Servieren

Für 4 Personen

8 frische Bananen- oder andere große
Chillies ca. 15 cm lang

1 TL Chilipulver

225 g fertige Frijoles refritos (Seite 28)

3 EL Mehl

3 mittelgroße Eier, getrennt

Öl zum Fritieren

1 frischer roter Anaheim-Chili, entkernt
und in Ringen

2 EL frisch gehackte glatte Petersilie

Limonenschale

Salsa verde (Seite 47) zum Servieren

KÄSETASCHEN MIT GRÜNER TOMATENSOSSE

Enchiladas mit Salsa verde

Von amerikanischen Indianern stammen die ersten Rezepte für Enchiladas. Im nördlichen Staat Sonora stellten sie aus weißem Mehl Tortillas her, nachdem die Spanier den Weizen hier bekannt gemacht hatten. Diese Tortillas sind größer als Maistortillas, oft verwendet man sie für Burritos.

Für die Soße grüne Tomaten, Schalotten, Knoblauch und Chillies in einen Kochtopf geben, 5–7 Min. weich kochen. Mit Brühe und Honig in der Küchenmaschine pürieren. Durch ein Sieb streichen.

In den Topf zurückgeben und 5 Min. köcheln lassen. Pfeilwurz mit Wasser mischen und unter die Soße rühren. Ständig rühren, bis die Soße eindickt und klar wird. Wird die Soße nicht gleich gebraucht, dickt man sie erst später ein und stellt sie zunächst zugedeckt in den Kühlschrank.

Käse, Frühlingszwiebeln und Pinienkerne mischen. Rehydrierte Chillies entkernen, hacken, dazugeben und gut durchmengen. Beiseite stellen.

Butter in einer kleinen Pfanne schmelzen, Pilze 3 Min. darin dünsten. Abtropfen lassen.

Auf jede Tortilla einen Löffel Käsemischung geben und darauf einen Löffel Pilze. Ränder jeder Tortilla mit geschlagenem Ei bestreichen, zur Tasche falten, Ränder fest zusammendrük-ken. Ränder mit geschlagenem Ei bestreichen und nochmals einschlagen, damit die Tortillas besser zusammenhalten.

Öl auf 180 °C erhitzen und Taschen portionsweise 2–3 Min. goldgelb fritieren. Auf Küchenpapier abtropfen lassen. Auf Salatblättern servieren und grüne Soße dazu reichen.

CHILLIES MIT BOHNENFÜLLUNG

Chiles rellenos de frijoles

Grill auf hohe Temperatur vorheizen. Chillies grillen, bis die Haut Blasen wirft und anfängt, schwarz zu werden. Chillies anschließend in einem Kunststoffbeutel etwa 10 Min. schwitzen lassen, dann enthäuten. Der Länge nach aufschlitzen und Samen und Trennwände entfernen. Mit Chilipulver bestreuen.

Chillies mit Frijoles refritos füllen und Ränder über der Füllung übereinanderschlagen.

Knapp 2 EL Mehl mit Eigelb zu einer glatten Masse schlagen. Eiweiß steif schlagen und behutsam unter die Masse ziehen.

Öl ungefähr 5 cm hoch in eine Pfanne füllen und auf 180 °C erhitzen.

Gefüllte Chillies in restlichem Mehl wenden und in den Teig tauchen. 3–4 Min. im heißen Öl goldbraun fritieren. Auf Küchenpapier abtropfen lassen, auf einer Platte anrichten und mit Chiliringen, Kräutern und abgeriebener Limonenschale bestreuen. Dazu Salsa verde reichen.

Enchiladas mit Salsa verde ➤

BLUMENKOHL MIT TOMATENCURRY

Gobbi tamatar

Für 4 Personen

450 g Blumenkohlröschen

225 g gewürfelte Kartoffeln

2 EL Sonnenblumenöl

5 cm großes Stück Ingwerwurzel, geschält und gerieben

1 Zwiebel in Scheiben

2 zerdrückte Knoblauchzehen

5 getrocknete Ancho-Chillies, geröstet und rehydriert (Seite 16)

1 TL Korianderkörner

1 TL Kreuzkümmelkörner

1 TL griechische Heukörner

1 TL Kurkuma

2 EL Tomatenmark

2 EL Wasser

450 g Tomaten, geschält, entkernt und gehackt

150 ml Kokosmilch

150 ml Naturjoghurt

frische glatte Petersilie oder Koriander zum Garnieren

Naanbrot, frisch gekochter Reis, Papadum (Anm. d. Üb.: großes, dünnes, rundes, knusprig gebratenes Teigstück als Beilage zu indischen Gerichten) und Chutneys

Getrocknete Chillies können durch 3–4 grüne Fresno-Chillies oder 1–1½ TL mittelscharfes Chilipulver ersetzt werden.

Blumenkohl 3 Min. in leicht gesalzenem Wasser kochen, abgießen und beiseite stellen.

Kartoffeln ebenfalls 10 Min. in leicht gesalzenem Wasser garen. Abgießen und beiseite stellen.

Öl in einer großen Pfanne erhitzen, Ingwer 3 Min. behutsam dünsten, danach herausnehmen. Zwiebel, Knoblauch und gehackte rehydrierte Chillies hineingeben, 3 Min. dünsten. Alle Gewürze zugeben und unter Rühren 3 Min. mitdünsten.

Tomatenmark mit Wasser verdünnen und mit Tomaten und Kokosmilch in die Pfanne geben. Langsam erhitzen und 5 Min. köcheln lassen. Blumenkohl und Kartoffeln dazugeben und weitere 5–8 Min. garen.

Joghurt unterrühren, noch 2 Min. erwärmen. Mit frischen Kräutern garnieren und dazu warmes Naanbrot und Reis, Papadum und Chutneys reichen.

SAG ALOO SAMOSAS

Für 4 Personen

3 EL Sonnenblumenöl

1 gehackte Zwiebel

3 grüne Fresno-Chillies, entkernt und gehackt

1 TL gemahlener Kreuzkümmel

1 TL gemahlener Koriander

100 g Kartoffeln, gekocht und gewürfelt

100 g Möhren, gekocht und gewürfelt

350 g Spinat, gekocht und gehackt

4 große Scheiben fertiger Blätterteig

Öl zum Fritieren

grüner Salat, Naan und verschiedene Chutneys zum Servieren

Samosas sind ein typisch indischer Imbiß, und jede Region hat ihre eigene Füllung. Man braucht etwas Übung bei der Zubereitung, aber sobald man den Schwung heraus hat, ist man überrascht, wie leicht die Arbeit von der Hand geht.

➰ Sonnenblumenöl in einer Pfanne erhitzen und Zwiebel und Chillies 3 Min. dünsten. Gewürze dazugeben und weitere 3 Min. dünsten. Gekochtes Gemüse zufügen und gut durchmengen. Abkühlen lassen.

➰ Blätterteig in 2,5 x 10 cm große Streifen schneiden. 2 EL der Füllung auf das Ende jedes Streifens geben und Teig schräg zu einem Dreieck falten, dann am Streifen entlang weiterfalten, die Ränder jeweils mit Wasser bestreichen.

➰ Öl zum Fritieren auf 180 °C erhitzen und Samosas portionsweise etwa 5 Min. goldgelb fritieren. Auf Küchenpapier abtropfen lassen und zusammen mit grünem Salat, Naan und verschiedenen Chutneys servieren.

ACAR ACAR

Indonesisches Mischgemüse

Für 4 Personen

4 rote thailändische Chillies

1 große gehackte Zwiebel

3 Knoblauchzehen

225 g frische Erdnüsse, geröstet

3 EL Sonnenblumenöl

40 g gekörnter Zucker

600 ml weißer Weinessig

225 g grüne Bohnen

1 Gurke

2 rote Paprikas, entkernt

225 g Blumenkohlröschen

1 frische Ananas, Fruchtfleisch aus der Schale genommen, entkernt und gewürfelt

Salz und Pfeffer

ein paar Fäden Safran oder ½ TL Kurkuma

Eingelegtes aus Malaysia, das scharfem Essiggemüse ähnelt und oft zu Currygerichten, kaltem Fleisch oder sogar Fischgerichten gereicht wird.

➰ Chillies, Zwiebel und Knoblauch in der Küchenmaschine zerkleinern und beiseite stellen. Erdnüsse klein hacken, ebenfalls beiseite stellen.

➰ Öl in einer großen Pfanne erhitzen und pürierte Chillies vorsichtig 4 Min. dünsten. Mit Zucker und Essig kurz aufkochen, dann 5 Min. köcheln lassen.

➰ Erdnußpaste, dann Gemüse und Ananas mit Gewürzen und Safran oder Kurkuma unterrühren. 2 Min. unter ständigem Rühren köcheln lassen. Soll Acar Acar heiß serviert werden, noch 4–5 Min. behutsam aufwärmen, dabei häufig umrühren. Wird es kalt serviert, noch 2 Min. warm halten, dann auf eine Platte geben und zugedeckt in den Kühlschrank stellen. Vor dem Servieren gründlich umrühren.

➰ Wird Acar Acar in fest verschlossenen Gläsern aufbewahrt, hält es sich im Kühlschrank oder kühlen Vorratsraum bis zu 1 Monat.

PIKANTES AUBERGINENPÜREE

SCHÄRFEGRAD 5

Für 6 Personen

2 große Auberginen, etwa 450 g schwer

4 rote Anaheim-Chillies

4 Knoblauchzehen

geriebene Schale und Saft von 1 großen
 Zitrone

1 TL gemahlener Kreuzkümmel

1 TL gemahlener Koriander

1 TL gemahlener Zimt

175 g Doppelrahmfrischkäse

Kreuzkümmelkörner zum Garnieren

als Beilage Fladenbrot und Rohkost

Backofen auf 200 °C, Gas auf Stufe 6 vorheizen.

Auberginen spülen und mehrmals einstechen. Auf einem Blech im Backofen 40 Min. backen, bis die Auberginen sehr weich sind und einzufallen beginnen. Chillies und Knoblauch auf Backpapier auf ein anderes Blech geben. Etwa 10 Min. backen, bis die Haut runzlig wird. Herausnehmen und 10 Min. in eine Kunststofftüte geben. Knoblauch und Chili enthäuten, Chili entkernen. Beiseite stellen.

Auberginen abkühlen lassen, schälen und Fruchtfleisch zusammen mit Chillies, Knoblauch, Zitronenschale und -saft zusammen mit den Gewürzen in der Küchenmaschine glatt pürieren. Doppelrahmfrischkäse zufügen, nochmals durchrühren. In eine Servierschüssel geben, mit der Gabel Muster ziehen.

Mindestens 30 Min. in den Kühlschrank stellen. Mit Kreuzkümmelkörnern bestreut zu Fladenbrot und Rohkost reichen.

REGISTER